# 中华人民共和国特种设备安全法
# 特种设备生产单位落实
# 质量安全主体责任监督管理规定
# 特种设备使用单位落实
# 使用安全主体责任监督管理规定

中国法制出版社

**中华人民共和国特种设备安全法**
**特种设备生产单位落实质量安全主体责任监督管理规定**
**特种设备使用单位落实使用安全主体责任监督管理规定**
ZHONGHUA RENMIN GONGHEGUO TEZHONG SHEBEI ANQUANFA
TEZHONG SHEBEI SHENGCHAN DANWEI LUOSHI ZHILIANG ANQUAN ZHUTI ZEREN JIANDU GUANLI GUIDING
TEZHONG SHEBEI SHIYONG DANWEI LUOSHI SHIYONG ANQUAN ZHUTI ZEREN JIANDU GUANLI GUIDING

经销/新华书店
印刷/保定市中画美凯印刷有限公司
开本/850 毫米×1168 毫米　32 开　　印张/5　字数/77 千
版次/2023 年 4 月第 1 版　　2023 年 4 月第 1 次印刷

---

中国法制出版社出版
书号 ISBN 978-7-5216-3445-7　　定价：18.00 元

北京市西城区西便门西里甲 16 号西便门办公区
邮政编码：100053　　传真：010-63141600
**网址：http：//www.zgfzs.com　　编辑部电话：010-63141673**
**市场营销部电话：010-63141612　　印务部电话：010-63141606**

# 目　　录

# 中华人民共和国特种设备安全法

（2013年6月29日第十二届全国人民代表大会常务委员会第三次会议通过　2013年6月29日中华人民共和国主席令第4号公布　自2014年1月1日起施行）

## 目　　录

# 第一章　总　　则

**第一条**　为了加强特种设备安全工作，预防特种设备事故，保障人身和财产安全，促进经济社会发展，制定本法。

**第二条**　特种设备的生产（包括设计、制造、安装、改造、修理）、经营、使用、检验、检测和特种设备安全的监督管理，适用本法。

本法所称特种设备，是指对人身和财产安全有较大危险性的锅炉、压力容器（含气瓶）、压力管道、电梯、起重机械、客运索道、大型游乐设施、场（厂）内专用机动车辆，以及法律、行政法规规定适用本法的其他特种设备。

国家对特种设备实行目录管理。特种设备目录由国务院负责特种设备安全监督管理的部门制定，报国务院批准后执行。

**第三条**　特种设备安全工作应当坚持安全第一、预防为主、节能环保、综合治理的原则。

**第四条**　国家对特种设备的生产、经营、使用，实施分类的、全过程的安全监督管理。

**第五条**　国务院负责特种设备安全监督管理的部门对全国特种设备安全实施监督管理。县级以上地方各级人民政府负责特种设备安全监督管理的部门对本行政区域内特种设备安全实施监督管理。

**第六条** 国务院和地方各级人民政府应当加强对特种设备安全工作的领导，督促各有关部门依法履行监督管理职责。

县级以上地方各级人民政府应当建立协调机制，及时协调、解决特种设备安全监督管理中存在的问题。

**第七条** 特种设备生产、经营、使用单位应当遵守本法和其他有关法律、法规，建立、健全特种设备安全和节能责任制度，加强特种设备安全和节能管理，确保特种设备生产、经营、使用安全，符合节能要求。

**第八条** 特种设备生产、经营、使用、检验、检测应当遵守有关特种设备安全技术规范及相关标准。

特种设备安全技术规范由国务院负责特种设备安全监督管理的部门制定。

**第九条** 特种设备行业协会应当加强行业自律，推进行业诚信体系建设，提高特种设备安全管理水平。

**第十条** 国家支持有关特种设备安全的科学技术研究，鼓励先进技术和先进管理方法的推广应用，对做出突出贡献的单位和个人给予奖励。

**第十一条** 负责特种设备安全监督管理的部门应当加强特种设备安全宣传教育，普及特种设备安全知识，增强社会公众的特种设备安全意识。

**第十二条** 任何单位和个人有权向负责特种设备安全监督管理的部门和有关部门举报涉及特种设备安全的违法行为，接到举报的部门应当及时处理。

## 第二章 生产、经营、使用

### 第一节 一般规定

**第十三条** 特种设备生产、经营、使用单位及其主要负责人对其生产、经营、使用的特种设备安全负责。

特种设备生产、经营、使用单位应当按照国家有关规定配备特种设备安全管理人员、检测人员和作业人员，并对其进行必要的安全教育和技能培训。

**第十四条** 特种设备安全管理人员、检测人员和作业人员应当按照国家有关规定取得相应资格，方可从事相关工作。特种设备安全管理人员、检测人员和作业人员应当严格执行安全技术规范和管理制度，保证特种设备安全。

**第十五条** 特种设备生产、经营、使用单位对其生产、经营、使用的特种设备应当进行自行检测和维护保养，对国家规定实行检验的特种设备应当及时申报并接受检验。

**第十六条** 特种设备采用新材料、新技术、新工艺，与安全技术规范的要求不一致，或者安全技术规范未作要求、可能对安全性能有重大影响的，应当向国务院负责特种设备安全监督管理的部门申报，由国务院负责特种设备安全监督管理的部门及时委托安全技术咨询机构或者相关专业机构进行技术评审，评审结果经国务院负责特种设备安全监督管理的部门批准，方可投入生产、使用。

国务院负责特种设备安全监督管理的部门应当将允许使用的新材料、新技术、新工艺的有关技术要求，及时纳入安全技术规范。

**第十七条** 国家鼓励投保特种设备安全责任保险。

## 第二节 生 产

**第十八条** 国家按照分类监督管理的原则对特种设备生产实行许可制度。特种设备生产单位应当具备下列条件，并经负责特种设备安全监督管理的部门许可，方可从事生产活动：

（一）有与生产相适应的专业技术人员；

（二）有与生产相适应的设备、设施和工作场所；

（三）有健全的质量保证、安全管理和岗位责任等制度。

**第十九条** 特种设备生产单位应当保证特种设备生产符合安全技术规范及相关标准的要求，对其生产的特种设备的安全性能负责。不得生产不符合安全性能要求和能效指标以及国家明令淘汰的特种设备。

**第二十条** 锅炉、气瓶、氧舱、客运索道、大型游乐设施的设计文件，应当经负责特种设备安全监督管理的部门核准的检验机构鉴定，方可用于制造。

特种设备产品、部件或者试制的特种设备新产品、新部件以及特种设备采用的新材料，按照安全技术规范的要求需要通过型式试验进行安全性验证的，应当经负责特种设备安全监督管理的部门核准的检验机构进行型式试验。

**第二十一条** 特种设备出厂时，应当随附安全技术规范要求的设计文件、产品质量合格证明、安装及使用维护保养说明、监督检验证明等相关技术资料和文件，并在特种设备显著位置设置产品铭牌、安全警示标志及其说明。

**第二十二条** 电梯的安装、改造、修理，必须由电梯制造单位或者其委托的依照本法取得相应许可的单位进行。电梯制造单位委托其他单位进行电梯安装、改造、修理的，应当对其安装、改造、修理进行安全指导和监控，并按照安全技术规范的要求进行校验和调试。电梯制造单位对电梯安全性能负责。

**第二十三条** 特种设备安装、改造、修理的施工单位应当在施工前将拟进行的特种设备安装、改造、修理情况书面告知直辖市或者设区的市级人民政府负责特种设备安全监督管理的部门。

**第二十四条** 特种设备安装、改造、修理竣工后，安装、改造、修理的施工单位应当在验收后三十日内将相关技术资料和文件移交特种设备使用单位。特种设备使用单位应当将其存入该特种设备的安全技术档案。

**第二十五条** 锅炉、压力容器、压力管道元件等特种设备的制造过程和锅炉、压力容器、压力管道、电梯、起重机械、客运索道、大型游乐设施的安装、改造、重大修理过程，应当经特种设备检验机构按照安全技术规范的要求进行监督检验；未经监督检验或者监督检验不合格的，不得出厂或者交付使用。

**第二十六条** 国家建立缺陷特种设备召回制度。因生产原因造成特种设备存在危及安全的同一性缺陷的，特种设备生产单位应当立即停止生产，主动召回。

国务院负责特种设备安全监督管理的部门发现特种设备存在应当召回而未召回的情形时，应当责令特种设备生产单位召回。

## 第三节　经　　营

**第二十七条** 特种设备销售单位销售的特种设备，应当符合安全技术规范及相关标准的要求，其设计文件、产品质量合格证明、安装及使用维护保养说明、监督检验证明等相关技术资料和文件应当齐全。

特种设备销售单位应当建立特种设备检查验收和销售记录制度。

禁止销售未取得许可生产的特种设备，未经检验和检验不合格的特种设备，或者国家明令淘汰和已经报废的特种设备。

**第二十八条** 特种设备出租单位不得出租未取得许可生产的特种设备或者国家明令淘汰和已经报废的特种设备，以及未按照安全技术规范的要求进行维护保养和未经检验或者检验不合格的特种设备。

**第二十九条** 特种设备在出租期间的使用管理和维护保养义务由特种设备出租单位承担，法律另有规定或者当事人另有约定的除外。

**第三十条** 进口的特种设备应当符合我国安全技术规范的要求，并经检验合格；需要取得我国特种设备生产许可的，应当取得许可。

进口特种设备随附的技术资料和文件应当符合本法第二十一条的规定，其安装及使用维护保养说明、产品铭牌、安全警示标志及其说明应当采用中文。

特种设备的进出口检验，应当遵守有关进出口商品检验的法律、行政法规。

**第三十一条** 进口特种设备，应当向进口地负责特种设备安全监督管理的部门履行提前告知义务。

## 第四节　使　　用

**第三十二条**　特种设备使用单位应当使用取得许可生产并经检验合格的特种设备。

禁止使用国家明令淘汰和已经报废的特种设备。

**第三十三条**　特种设备使用单位应当在特种设备投入使用前或者投入使用后三十日内，向负责特种设备安全监督管理的部门办理使用登记，取得使用登记证书。登记标志应当置于该特种设备的显著位置。

**第三十四条**　特种设备使用单位应当建立岗位责任、隐患治理、应急救援等安全管理制度，制定操作规程，保证特种设备安全运行。

**第三十五条**　特种设备使用单位应当建立特种设备安全技术档案。安全技术档案应当包括以下内容：

（一）特种设备的设计文件、产品质量合格证明、安装及使用维护保养说明、监督检验证明等相关技术资料和文件；

（二）特种设备的定期检验和定期自行检查记录；

（三）特种设备的日常使用状况记录；

（四）特种设备及其附属仪器仪表的维护保养记录；

（五）特种设备的运行故障和事故记录。

**第三十六条**　电梯、客运索道、大型游乐设施等为公众提供服务的特种设备的运营使用单位，应当对特种设备的使用安全负责，设置特种设备安全管理机构或者配备专职的特种设备安全管理人员；其他特种设备使用单位，应当根据情况设置特种设备安全管理机构或者配备专职、兼职的特种设备安全管理人员。

**第三十七条** 特种设备的使用应当具有规定的安全距离、安全防护措施。

与特种设备安全相关的建筑物、附属设施，应当符合有关法律、行政法规的规定。

**第三十八条** 特种设备属于共有的，共有人可以委托物业服务单位或者其他管理人管理特种设备，受托人履行本法规定的特种设备使用单位的义务，承担相应责任。共有人未委托的，由共有人或者实际管理人履行管理义务，承担相应责任。

**第三十九条** 特种设备使用单位应当对其使用的特种设备进行经常性维护保养和定期自行检查，并作出记录。

特种设备使用单位应当对其使用的特种设备的安全附件、安全保护装置进行定期校验、检修，并作出记录。

**第四十条** 特种设备使用单位应当按照安全技术规范的要求，在检验合格有效期届满前一个月向特种设备检验机构提出定期检验要求。

特种设备检验机构接到定期检验要求后，应当按照安全技术规范的要求及时进行安全性能检验。特种设备使用单位应当将定期检验标志置于该特种设备的显著位置。

未经定期检验或者检验不合格的特种设备，不得继续使用。

**第四十一条** 特种设备安全管理人员应当对特种设备使用状况进行经常性检查，发现问题应当立即处理；情况紧急时，可以决定停止使用特种设备并及时报告本单位有关负责人。

特种设备作业人员在作业过程中发现事故隐患或者其他不安全因素，应当立即向特种设备安全管理人员和单位有关负责人报告；特种设备运行不正常时，特种设备作业人员应当按照操作规程采取有效措施保证安全。

**第四十二条** 特种设备出现故障或者发生异常情况，特种设备使用单位应当对其进行全面检查，消除事故隐患，方可继续使用。

**第四十三条** 客运索道、大型游乐设施在每日投入使用前，其运营使用单位应当进行试运行和例行安全检查，并对安全附件和安全保护装置进行检查确认。

电梯、客运索道、大型游乐设施的运营使用单位应当将电梯、客运索道、大型游乐设施的安全使用说明、安全注意事项和警示标志置于易于为乘客注意的显著位置。

公众乘坐或者操作电梯、客运索道、大型游乐设施，应当遵守安全使用说明和安全注意事项的要求，服从有关工作人员的管理和指挥；遇有运行不正常时，应当按照安全指引，有序撤离。

**第四十四条** 锅炉使用单位应当按照安全技术规范的要求进行锅炉水（介）质处理，并接受特种设备检验机构的定期检验。

从事锅炉清洗，应当按照安全技术规范的要求进行，并接受特种设备检验机构的监督检验。

**第四十五条** 电梯的维护保养应当由电梯制造单位或者依照本法取得许可的安装、改造、修理单位进行。

电梯的维护保养单位应当在维护保养中严格执行安全技术规范的要求，保证其维护保养的电梯的安全性能，并负责落实现场安全防护措施，保证施工安全。

电梯的维护保养单位应当对其维护保养的电梯的安全性能负责；接到故障通知后，应当立即赶赴现场，并采取必要的应急救援措施。

**第四十六条** 电梯投入使用后，电梯制造单位应当对其制造的电梯的安全运行情况进行跟踪调查和了解，对电梯的维护保养单位或者使用单位在维护保养和安全运行方面存在的问题，提出改进建议，并提供必要的技术帮助；发现电梯存在严重事故隐患时，应当及时告知电梯使用单位，并向负责特种设备安全监督管理的部门报告。电梯制造单位对调查和了解的情况，应当作出记录。

**第四十七条** 特种设备进行改造、修理，按照规定需要变更使用登记的，应当办理变更登记，方可继续使用。

**第四十八条** 特种设备存在严重事故隐患，无改造、修理价值，或者达到安全技术规范规定的其他报废条件的，特种设备使用单位应当依法履行报废义务，采取必要措施消除该特种设备的使用功能，并向原登记的负责特种设备安全监督管理的部门办理使用登记证书注销手续。

前款规定报废条件以外的特种设备，达到设计使用年限可以继续使用的，应当按照安全技术规范的要求通过检验或者安全评估，并办理使用登记证书变更，方可继续使用。允许继续使用的，应当采取加强检验、检测和维护保养等措施，确保使用安全。

**第四十九条** 移动式压力容器、气瓶充装单位，应当具备下列条件，并经负责特种设备安全监督管理的部门许可，方可从事充装活动：

（一）有与充装和管理相适应的管理人员和技术人员；

（二）有与充装和管理相适应的充装设备、检测手段、场地厂房、器具、安全设施；

（三）有健全的充装管理制度、责任制度、处理措施。

充装单位应当建立充装前后的检查、记录制度，禁止对不符合安全技术规范要求的移动式压力容器和气瓶进行充装。

气瓶充装单位应当向气体使用者提供符合安全技术规范要求的气瓶，对气体使用者进行气瓶安全使用指导，并按照安全技术规范的要求办理气瓶使用登记，及时申报定期检验。

## 第三章　检验、检测

**第五十条**　从事本法规定的监督检验、定期检验的特种设备检验机构，以及为特种设备生产、经营、使用提供检测服务的特种设备检测机构，应当具备下列条件，并经负责特种设备安全监督管理的部门核准，方可从事检验、检测工作：

（一）有与检验、检测工作相适应的检验、检测人员；

（二）有与检验、检测工作相适应的检验、检测仪器和设备；

（三）有健全的检验、检测管理制度和责任制度。

**第五十一条**　特种设备检验、检测机构的检验、检测人员应当经考核，取得检验、检测人员资格，方可从事检验、检测工作。

特种设备检验、检测机构的检验、检测人员不得同时在两个以上检验、检测机构中执业；变更执业机构的，应当依法办理变更手续。

**第五十二条**　特种设备检验、检测工作应当遵守法律、行政法规的规定，并按照安全技术规范的要求进行。

特种设备检验、检测机构及其检验、检测人员应当依法为特种设备生产、经营、使用单位提供安全、可靠、便捷、诚信的检验、检测服务。

**第五十三条** 特种设备检验、检测机构及其检验、检测人员应当客观、公正、及时地出具检验、检测报告，并对检验、检测结果和鉴定结论负责。

特种设备检验、检测机构及其检验、检测人员在检验、检测中发现特种设备存在严重事故隐患时，应当及时告知相关单位，并立即向负责特种设备安全监督管理的部门报告。

负责特种设备安全监督管理的部门应当组织对特种设备检验、检测机构的检验、检测结果和鉴定结论进行监督抽查，但应当防止重复抽查。监督抽查结果应当向社会公布。

**第五十四条** 特种设备生产、经营、使用单位应当按照安全技术规范的要求向特种设备检验、检测机构及其检验、检测人员提供特种设备相关资料和必要的检验、检测条件，并对资料的真实性负责。

**第五十五条** 特种设备检验、检测机构及其检验、检测人员对检验、检测过程中知悉的商业秘密，负有保密义务。

特种设备检验、检测机构及其检验、检测人员不得从事有关特种设备的生产、经营活动，不得推荐或者监制、监销特种设备。

**第五十六条** 特种设备检验机构及其检验人员利用检验工作故意刁难特种设备生产、经营、使用单位的，特种设备生产、经营、使用单位有权向负责特种设备安全监督管理的部门投诉，接到投诉的部门应当及时进行调查处理。

## 第四章 监督管理

**第五十七条** 负责特种设备安全监督管理的部门依照本法规定，对特种设备生产、经营、使用单位和检验、检测机构实施监督检查。

负责特种设备安全监督管理的部门应当对学校、幼儿园以及医院、车站、客运码头、商场、体育场馆、展览馆、公园等公众聚集场所的特种设备，实施重点安全监督检查。

**第五十八条** 负责特种设备安全监督管理的部门实施本法规定的许可工作，应当依照本法和其他有关法律、行政法规规定的条件和程序以及安全技术规范的要求进行审查；不符合规定的，不得许可。

**第五十九条** 负责特种设备安全监督管理的部门在办理本法规定的许可时，其受理、审查、许可的程序必须公开，并应当自受理申请之日起三十日内，作出许可或者不予许可的决定；不予许可的，应当书面向申请人说明理由。

**第六十条** 负责特种设备安全监督管理的部门对依法办理使用登记的特种设备应当建立完整的监督管理档案和信息查询系统；对达到报废条件的特种设备，应当及时督促特种设备使用单位依法履行报废义务。

**第六十一条** 负责特种设备安全监督管理的部门在依法履行监督检查职责时，可以行使下列职权：

（一）进入现场进行检查，向特种设备生产、经营、使用单位和检验、检测机构的主要负责人和其他有关人员调查、了解有关情况；

（二）根据举报或者取得的涉嫌违法证据，查阅、复制特种设备生产、经营、使用单位和检验、检测机构的有关合同、发票、账簿以及其他有关资料；

（三）对有证据表明不符合安全技术规范要求或者存在严重事故隐患的特种设备实施查封、扣押；

（四）对流入市场的达到报废条件或者已经报废的特种设备实施查封、扣押；

（五）对违反本法规定的行为作出行政处罚决定。

**第六十二条** 负责特种设备安全监督管理的部门在依法履行职责过程中，发现违反本法规定和安全技术规范要求的行为或者特种设备存在事故隐患时，应当以书面形式发出特种设备安全监察指令，责令有关单位及时采取措施予以改正或者消除事故隐患。紧急情况下要求有关单位采取紧急处置措施的，应当随后补发特种设备安全监察指令。

**第六十三条** 负责特种设备安全监督管理的部门在依法履行职责过程中，发现重大违法行为或者特种设备存在严重事故隐患时，应当责令有关单位立即停止违法行为、采取措施消除事故隐患，并及时向上级负责特种设备安全监督管理的部门报告。接到报告的负责特种设备安全监督管理的部门应当采取必要措施，及时予以处理。

对违法行为、严重事故隐患的处理需要当地人民政府和有关部门的支持、配合时，负责特种设备安全监督管理的部门应当报告当地人民政府，并通知其他有关部门。当地人民政府和其他有关部门应当采取必要措施，及时予以处理。

**第六十四条** 地方各级人民政府负责特种设备安全监督管理的部门不得要求已经依照本法规定在其他地方取得许可的特种设备生产单位重复取得许可，不得要求对已经依照本法规定在其他地方检验合格的特种设备重复进行检验。

**第六十五条** 负责特种设备安全监督管理的部门的安全监察人员应当熟悉相关法律、法规，具有相应的专业知识和工作经验，取得特种设备安全行政执法证件。

特种设备安全监察人员应当忠于职守、坚持原则、秉公执法。

负责特种设备安全监督管理的部门实施安全监督检查时，应当有二名以上特种设备安全监察人员参加，并出示有效的特种设备安全行政执法证件。

**第六十六条** 负责特种设备安全监督管理的部门对特种设备生产、经营、使用单位和检验、检测机构实施监督检查，应当对每次监督检查的内容、发现的问题及处理情况作出记录，并由参加监督检查的特种设备安全监察人员和被检查单位的有关负责人签字后归档。被检查单位的有关负责人拒绝签字的，特种设备安全监察人员应当将情况记录在案。

**第六十七条** 负责特种设备安全监督管理的部门及其工作人员不得推荐或者监制、监销特种设备；对履行职责过程中知悉的商业秘密负有保密义务。

**第六十八条** 国务院负责特种设备安全监督管理的部门和省、自治区、直辖市人民政府负责特种设备安全监督管理的部门应当定期向社会公布特种设备安全总体状况。

## 第五章 事故应急救援与调查处理

**第六十九条** 国务院负责特种设备安全监督管理的

部门应当依法组织制定特种设备重特大事故应急预案，报国务院批准后纳入国家突发事件应急预案体系。

县级以上地方各级人民政府及其负责特种设备安全监督管理的部门应当依法组织制定本行政区域内特种设备事故应急预案，建立或者纳入相应的应急处置与救援体系。

特种设备使用单位应当制定特种设备事故应急专项预案，并定期进行应急演练。

**第七十条** 特种设备发生事故后，事故发生单位应当按照应急预案采取措施，组织抢救，防止事故扩大，减少人员伤亡和财产损失，保护事故现场和有关证据，并及时向事故发生地县级以上人民政府负责特种设备安全监督管理的部门和有关部门报告。

县级以上人民政府负责特种设备安全监督管理的部门接到事故报告，应当尽快核实情况，立即向本级人民政府报告，并按照规定逐级上报。必要时，负责特种设备安全监督管理的部门可以越级上报事故情况。对特别重大事故、重大事故，国务院负责特种设备安全监督管理的部门应当立即报告国务院并通报国务院安全生产监督管理部门等有关部门。

与事故相关的单位和人员不得迟报、谎报或者瞒报事故情况，不得隐匿、毁灭有关证据或者故意破坏事故现场。

**第七十一条** 事故发生地人民政府接到事故报告，应当依法启动应急预案，采取应急处置措施，组织应急救援。

**第七十二条** 特种设备发生特别重大事故，由国务院或者国务院授权有关部门组织事故调查组进行调查。

发生重大事故，由国务院负责特种设备安全监督管理的部门会同有关部门组织事故调查组进行调查。

发生较大事故，由省、自治区、直辖市人民政府负责特种设备安全监督管理的部门会同有关部门组织事故调查组进行调查。

发生一般事故，由设区的市级人民政府负责特种设备安全监督管理的部门会同有关部门组织事故调查组进行调查。

事故调查组应当依法、独立、公正开展调查，提出事故调查报告。

**第七十三条** 组织事故调查的部门应当将事故调查报告报本级人民政府，并报上一级人民政府负责特种设备安全监督管理的部门备案。有关部门和单位应当依照法律、行政法规的规定，追究事故责任单位和人员的责任。

事故责任单位应当依法落实整改措施，预防同类事故发生。事故造成损害的，事故责任单位应当依法承担赔偿责任。

## 第六章　法律责任

**第七十四条**　违反本法规定，未经许可从事特种设备生产活动的，责令停止生产，没收违法制造的特种设备，处十万元以上五十万元以下罚款；有违法所得的，没收违法所得；已经实施安装、改造、修理的，责令恢复原状或者责令限期由取得许可的单位重新安装、改造、修理。

**第七十五条**　违反本法规定，特种设备的设计文件未经鉴定，擅自用于制造的，责令改正，没收违法制造的特种设备，处五万元以上五十万元以下罚款。

**第七十六条**　违反本法规定，未进行型式试验的，责令限期改正；逾期未改正的，处三万元以上三十万元以下罚款。

**第七十七条**　违反本法规定，特种设备出厂时，未按照安全技术规范的要求随附相关技术资料和文件的，责令限期改正；逾期未改正的，责令停止制造、销售，处二万元以上二十万元以下罚款；有违法所得的，没收违法所得。

**第七十八条**　违反本法规定，特种设备安装、改造、修理的施工单位在施工前未书面告知负责特种设备安全监督管理的部门即行施工的，或者在验收后三十日内未将相关技术资料和文件移交特种设备使用单位的，责令限期改正；逾期未改正的，处一万元以上十万元以下罚款。

**第七十九条** 违反本法规定，特种设备的制造、安装、改造、重大修理以及锅炉清洗过程，未经监督检验的，责令限期改正；逾期未改正的，处五万元以上二十万元以下罚款；有违法所得的，没收违法所得；情节严重的，吊销生产许可证。

**第八十条** 违反本法规定，电梯制造单位有下列情形之一的，责令限期改正；逾期未改正的，处一万元以上十万元以下罚款：

（一）未按照安全技术规范的要求对电梯进行校验、调试的；

（二）对电梯的安全运行情况进行跟踪调查和了解时，发现存在严重事故隐患，未及时告知电梯使用单位并向负责特种设备安全监督管理的部门报告的。

**第八十一条** 违反本法规定，特种设备生产单位有下列行为之一的，责令限期改正；逾期未改正的，责令停止生产，处五万元以上五十万元以下罚款；情节严重的，吊销生产许可证：

（一）不再具备生产条件、生产许可证已经过期或者超出许可范围生产的；

（二）明知特种设备存在同一性缺陷，未立即停止生产并召回的。

违反本法规定，特种设备生产单位生产、销售、交付国家明令淘汰的特种设备的，责令停止生产、销售，没收违法生产、销售、交付的特种设备，处三万元以上三十万元以下罚款；有违法所得的，没收违法所得。

特种设备生产单位涂改、倒卖、出租、出借生产许可证的，责令停止生产，处五万元以上五十万元以下罚款；情节严重的，吊销生产许可证。

**第八十二条**　违反本法规定，特种设备经营单位有下列行为之一的，责令停止经营，没收违法经营的特种设备，处三万元以上三十万元以下罚款；有违法所得的，没收违法所得：

（一）销售、出租未取得许可生产，未经检验或者检验不合格的特种设备的；

（二）销售、出租国家明令淘汰、已经报废的特种设备，或者未按照安全技术规范的要求进行维护保养的特种设备的。

违反本法规定，特种设备销售单位未建立检查验收和销售记录制度，或者进口特种设备未履行提前告知义务的，责令改正，处一万元以上十万元以下罚款。

特种设备生产单位销售、交付未经检验或者检验不合格的特种设备的，依照本条第一款规定处罚；情节严重的，吊销生产许可证。

**第八十三条** 违反本法规定，特种设备使用单位有下列行为之一的，责令限期改正；逾期未改正的，责令停止使用有关特种设备，处一万元以上十万元以下罚款：

（一）使用特种设备未按照规定办理使用登记的；

（二）未建立特种设备安全技术档案或者安全技术档案不符合规定要求，或者未依法设置使用登记标志、定期检验标志的；

（三）未对其使用的特种设备进行经常性维护保养和定期自行检查，或者未对其使用的特种设备的安全附件、安全保护装置进行定期校验、检修，并作出记录的；

（四）未按照安全技术规范的要求及时申报并接受检验的；

（五）未按照安全技术规范的要求进行锅炉水（介）质处理的；

（六）未制定特种设备事故应急专项预案的。

**第八十四条** 违反本法规定，特种设备使用单位有下列行为之一的，责令停止使用有关特种设备，处三万元以上三十万元以下罚款：

（一）使用未取得许可生产，未经检验或者检验不合格的特种设备，或者国家明令淘汰、已经报废的特种设备的；

（二）特种设备出现故障或者发生异常情况，未对其进行全面检查、消除事故隐患，继续使用的；

（三）特种设备存在严重事故隐患，无改造、修理价值，或者达到安全技术规范规定的其他报废条件，未依法履行报废义务，并办理使用登记证书注销手续的。

**第八十五条** 违反本法规定，移动式压力容器、气瓶充装单位有下列行为之一的，责令改正，处二万元以上二十万元以下罚款；情节严重的，吊销充装许可证：

（一）未按照规定实施充装前后的检查、记录制度的；

（二）对不符合安全技术规范要求的移动式压力容器和气瓶进行充装的。

违反本法规定，未经许可，擅自从事移动式压力容器或者气瓶充装活动的，予以取缔，没收违法充装的气瓶，处十万元以上五十万元以下罚款；有违法所得的，没收违法所得。

**第八十六条** 违反本法规定，特种设备生产、经营、使用单位有下列情形之一的，责令限期改正；逾期未改正的，责令停止使用有关特种设备或者停产停业整顿，处一万元以上五万元以下罚款：

（一）未配备具有相应资格的特种设备安全管理人员、检测人员和作业人员的；

（二）使用未取得相应资格的人员从事特种设备安全管理、检测和作业的；

（三）未对特种设备安全管理人员、检测人员和作业人员进行安全教育和技能培训的。

**第八十七条** 违反本法规定，电梯、客运索道、大型游乐设施的运营使用单位有下列情形之一的，责令限期改正；逾期未改正的，责令停止使用有关特种设备或者停产停业整顿，处二万元以上十万元以下罚款：

（一）未设置特种设备安全管理机构或者配备专职的特种设备安全管理人员的；

（二）客运索道、大型游乐设施每日投入使用前，未进行试运行和例行安全检查，未对安全附件和安全保护装置进行检查确认的；

（三）未将电梯、客运索道、大型游乐设施的安全使用说明、安全注意事项和警示标志置于易于为乘客注意的显著位置的。

**第八十八条** 违反本法规定，未经许可，擅自从事电梯维护保养的，责令停止违法行为，处一万元以上十万元以下罚款；有违法所得的，没收违法所得。

电梯的维护保养单位未按照本法规定以及安全技术规范的要求，进行电梯维护保养的，依照前款规定处罚。

**第八十九条** 发生特种设备事故，有下列情形之一的，对单位处五万元以上二十万元以下罚款；对主要负责人处一万元以上五万元以下罚款；主要负责人属于国家工作人员的，并依法给予处分：

（一）发生特种设备事故时，不立即组织抢救或者在事故调查处理期间擅离职守或者逃匿的；

（二）对特种设备事故迟报、谎报或者瞒报的。

**第九十条** 发生事故，对负有责任的单位除要求其依法承担相应的赔偿等责任外，依照下列规定处以罚款：

（一）发生一般事故，处十万元以上二十万元以下罚款；

（二）发生较大事故，处二十万元以上五十万元以下罚款；

（三）发生重大事故，处五十万元以上二百万元以下罚款。

**第九十一条** 对事故发生负有责任的单位的主要负责人未依法履行职责或者负有领导责任的，依照下列规定处以罚款；属于国家工作人员的，并依法给予处分：

（一）发生一般事故，处上一年年收入百分之三十的罚款；

（二）发生较大事故，处上一年年收入百分之四十的罚款；

（三）发生重大事故，处上一年年收入百分之六十的罚款。

**第九十二条** 违反本法规定，特种设备安全管理人员、检测人员和作业人员不履行岗位职责，违反操作规程和有关安全规章制度，造成事故的，吊销相关人员的资格。

**第九十三条** 违反本法规定，特种设备检验、检测机构及其检验、检测人员有下列行为之一的，责令改正，对机构处五万元以上二十万元以下罚款，对直接负责的主管人员和其他直接责任人员处五千元以上五万元以下罚款；情节严重的，吊销机构资质和有关人员的资格：

（一）未经核准或者超出核准范围、使用未取得相应资格的人员从事检验、检测的；

（二）未按照安全技术规范的要求进行检验、检测的；

（三）出具虚假的检验、检测结果和鉴定结论或者检验、检测结果和鉴定结论严重失实的；

（四）发现特种设备存在严重事故隐患，未及时告知相关单位，并立即向负责特种设备安全监督管理的部门报告的；

（五）泄露检验、检测过程中知悉的商业秘密的；

（六）从事有关特种设备的生产、经营活动的；

（七）推荐或者监制、监销特种设备的；

（八）利用检验工作故意刁难相关单位的。

违反本法规定，特种设备检验、检测机构的检验、检测人员同时在两个以上检验、检测机构中执业的，处五千元以上五万元以下罚款；情节严重的，吊销其资格。

**第九十四条** 违反本法规定，负责特种设备安全监督管理的部门及其工作人员有下列行为之一的，由上级机关责令改正；对直接负责的主管人员和其他直接责任人员，依法给予处分：

（一）未依照法律、行政法规规定的条件、程序实施许可的；

（二）发现未经许可擅自从事特种设备的生产、使用或者检验、检测活动不予取缔或者不依法予以处理的；

（三）发现特种设备生产单位不再具备本法规定的条件而不吊销其许可证，或者发现特种设备生产、经营、使用违法行为不予查处的；

（四）发现特种设备检验、检测机构不再具备本法规定的条件而不撤销其核准，或者对其出具虚假的检验、检测结果和鉴定结论或者检验、检测结果和鉴定结论严重失实的行为不予查处的；

（五）发现违反本法规定和安全技术规范要求的行为或者特种设备存在事故隐患，不立即处理的；

（六）发现重大违法行为或者特种设备存在严重事故隐患，未及时向上级负责特种设备安全监督管理的部门报告，或者接到报告的负责特种设备安全监督管理的部门不立即处理的；

（七）要求已经依照本法规定在其他地方取得许可的特种设备生产单位重复取得许可，或者要求对已经依照本法规定在其他地方检验合格的特种设备重复进行检验的；

（八）推荐或者监制、监销特种设备的；

（九）泄露履行职责过程中知悉的商业秘密的；

（十）接到特种设备事故报告未立即向本级人民政府报告，并按照规定上报的；

（十一）迟报、漏报、谎报或者瞒报事故的；

（十二）妨碍事故救援或者事故调查处理的；

（十三）其他滥用职权、玩忽职守、徇私舞弊的行为。

**第九十五条** 违反本法规定，特种设备生产、经营、使用单位或者检验、检测机构拒不接受负责特种设备安全监督管理的部门依法实施的监督检查的，责令限期改正；逾期未改正的，责令停产停业整顿，处二万元以上二十万元以下罚款。

特种设备生产、经营、使用单位擅自动用、调换、转移、损毁被查封、扣押的特种设备或者其主要部件的，责令改正，处五万元以上二十万元以下罚款；情节严重的，吊销生产许可证，注销特种设备使用登记证书。

**第九十六条** 违反本法规定，被依法吊销许可证的，自吊销许可证之日起三年内，负责特种设备安全监督管理的部门不予受理其新的许可申请。

**第九十七条** 违反本法规定，造成人身、财产损害的，依法承担民事责任。

违反本法规定，应当承担民事赔偿责任和缴纳罚款、罚金，其财产不足以同时支付时，先承担民事赔偿责任。

**第九十八条** 违反本法规定，构成违反治安管理行为的，依法给予治安管理处罚；构成犯罪的，依法追究刑事责任。

## 第七章　附　　则

**第九十九条**　特种设备行政许可、检验的收费，依照法律、行政法规的规定执行。

**第一百条**　军事装备、核设施、航空航天器使用的特种设备安全的监督管理不适用本法。

铁路机车、海上设施和船舶、矿山井下使用的特种设备以及民用机场专用设备安全的监督管理，房屋建筑工地、市政工程工地用起重机械和场（厂）内专用机动车辆的安装、使用的监督管理，由有关部门依照本法和其他有关法律的规定实施。

**第一百零一条**　本法自 2014 年 1 月 1 日起施行。

# 特种设备生产单位落实质量安全主体责任监督管理规定

（2023年4月4日国家市场监督管理总局令第73号公布　自2023年5月5日起施行）

## 第一章　总　　则

**第一条**　为了督促特种设备生产单位，包括锅炉、压力容器、气瓶、压力管道、电梯、起重机械、客运索道、大型游乐设施、场（厂）内专用机动车辆的设计、制造、安装、改造、修理单位（以下简称生产单位），落实质量安全主体责任，强化生产单位主要负责人特种设备质量安全责任，规范质量安全管理人员行为，根据《中华人民共和国特种设备安全法》《特种设备安全监察条例》等法律法规，制定本规定。

**第二条**　特种设备生产单位主要负责人、质量安全总监、质量安全员，依法落实特种设备质量安全责任的行为及其监督管理，适用本规定。

**第三条**　特种设备生产单位应当建立健全质量保证、

安全管理和岗位责任等制度，落实质量安全责任制，依法配备与生产相适应的专业技术人员、设备、设施和工作场所。特种设备生产单位应当保证特种设备生产符合安全技术规范及相关标准的要求，对其生产的特种设备的安全性能负责。

## 第二章　锅　　炉

**第四条**　锅炉生产单位应当依法配备质量安全总监和质量安全员，明确质量安全总监和质量安全员的岗位职责。

锅炉生产单位主要负责人对本单位锅炉质量安全全面负责，建立并落实锅炉质量安全主体责任的长效机制。质量安全总监和质量安全员应当按照岗位职责，协助单位主要负责人做好锅炉质量安全管理工作。

**第五条**　锅炉生产单位主要负责人应当支持和保障质量安全总监和质量安全员依法开展锅炉质量安全管理工作，在作出涉及锅炉质量安全的重大决策前，应当充分听取质量安全总监和质量安全员的意见和建议。

质量安全总监、质量安全员发现锅炉产品存在危及安全的缺陷时，应当提出停止相关锅炉生产等否决建议，锅炉生产单位应当立即分析研判，采取处置措施，消除风险隐患。对已经出厂的产品发现存在同一性缺陷的，应当依法及时召回，并报当地省级市场监督管理部门。

**第六条** 质量安全总监和质量安全员应当具备下列锅炉质量安全管理能力：

（一）熟悉锅炉生产相关法律法规、安全技术规范、标准和本单位质量保证体系；

（二）质量安全总监不得兼任质量安全员，质量安全员最多只能担任两个不相关的质量控制岗位；

（三）具备识别和防控锅炉质量安全风险的专业知识；

（四）熟悉本单位锅炉质量安全相关的设施设备、工艺流程、操作规程等生产过程控制要求；

（五）具有与所负责工作相关的专业教育背景和工作经验，熟悉任职岗位的工作任务和要求；

（六）符合特种设备法律法规和安全技术规范的其他要求。

**第七条** 质量安全总监按照职责要求，直接对本单位主要负责人负责，承担下列职责：

（一）组织贯彻、实施锅炉有关的法律法规、安全技术规范及相关标准，对质量保证系统的实施负责；

（二）组织制定质量保证手册、程序文件、作业指导书等质量保证体系文件，批准程序文件；

（三）指导和协调、监督检查质量保证体系各质量控制系统的工作；

（四）组织建立并持续维护锅炉质量安全追溯体系；

（五）组织质量分析、质量审核并协助进行管理评审工作；

（六）实施对不合格品（项）的控制，行使质量安全一票否决权；

（七）建立企业公告板制度，对所生产的锅炉安全事故事件、质量缺陷和事故隐患等情况，及时予以公示；

（八）组织建立和健全内外部质量信息反馈和处理的信息系统；

（九）向市场监督管理部门如实反映质量安全问题；

（十）组织对质量安全员定期进行教育和培训；

（十一）接受和配合市场监督管理部门开展的监督检查和事故调查，并如实提供有关材料；

（十二）履行市场监督管理部门规定和本单位要求的其他锅炉质量安全管理职责。

锅炉生产单位应当按照前款规定，结合本单位实际，细化制定《锅炉质量安全总监职责》。

**第八条** 质量安全员按照职责要求，对质量安全总监或者单位主要负责人负责，承担下列职责：

（一）负责审核质量控制程序文件和作业指导书；

（二）按照安全技术规范和质量保证手册要求，审查确认相关工作见证，检查生产过程的质量控制程序和要求实施情况；

（三）发现问题应当与当事人及时联系、解决，必要时责令停止当事人的工作，将情况向质量安全总监报告；

（四）组织对相关技术人员定期进行教育和培训；

（五）配合检验机构做好锅炉设计文件鉴定、型式试验、监督检验等工作；

（六）接受和配合市场监督管理部门开展的监督检查和事故调查，并如实提供有关材料；

（七）履行市场监督管理部门规定和本单位要求的其他锅炉质量安全管理职责。

锅炉生产单位应当按照前款规定，结合本单位实际，细化制定《锅炉质量安全员守则》。

**第九条** 锅炉生产单位应当建立基于锅炉质量安全风险防控的动态管理机制，结合本单位实际，落实自查要求，制定《锅炉质量安全风险管控清单》，建立健全日管控、周排查、月调度工作制度和机制。

**第十条** 锅炉生产单位应当建立锅炉质量安全日管控制度。质量安全员要每日根据《锅炉质量安全风险管控清单》进行检查，形成《每日锅炉质量安全检查记录》，对发现的质量安全风险隐患，应当立即采取防范措施，及时上报质量安全总监或者单位主要负责人。未发现问题的，也应当予以记录，实行零风险报告。

**第十一条** 锅炉生产单位应当建立锅炉质量安全周排查制度。质量安全总监要每周至少组织一次风险隐患排查，分析研判锅炉质量安全管理情况，研究解决日管控中发现的问题，形成《每周锅炉质量安全排查治理报告》。

**第十二条** 锅炉生产单位应当建立锅炉质量安全月调度制度。单位主要负责人要每月至少听取一次质量安全总监管理工作情况汇报，对当月锅炉质量安全日常管理、风险隐患排查治理等情况进行总结，对下个月重点工作作出调度安排，形成《每月锅炉质量安全调度会议纪要》。

**第十三条** 锅炉生产单位应当将主要负责人、质量安全总监和质量安全员的设立、调整情况，《锅炉质量安全风险管控清单》《锅炉质量安全总监职责》《锅炉质量安全员守则》以及质量安全总监、质量安全员提出的意见建议、报告和问题整改落实等履职情况予以记录并存档备查。

**第十四条** 市场监督管理部门应当将锅炉生产单位建立并落实锅炉质量安全责任制等管理制度，在日管控、周排查、月调度中发现的锅炉质量安全风险隐患以及整改情况作为监督检查的重要内容。

**第十五条** 锅炉生产单位应当对质量安全总监和质量安全员进行法律法规、标准和专业知识培训、考核，同时对培训、考核情况予以记录并存档备查。

县级以上地方市场监督管理部门按照国家市场监督管理总局制定的《锅炉质量安全管理人员考核指南》，组织对本辖区内锅炉生产单位的质量安全总监和质量安全员随机进行监督抽查考核并公布考核结果。监督抽查考核不得收取费用。

监督抽查考核不合格，不再符合锅炉生产要求的，生产单位应当立即采取整改措施。

**第十六条** 锅炉生产单位应当为质量安全总监和质量安全员提供必要的工作条件、教育培训和岗位待遇，充分保障其依法履行职责。

鼓励锅炉生产单位建立对质量安全总监和质量安全员的激励约束机制，对工作成效显著的给予表彰和奖励，对履职不到位的予以惩戒。

市场监督管理部门在查处锅炉生产单位违法行为时，应当将锅炉生产单位落实质量安全主体责任情况作为判断其主观过错、违法情节、处罚幅度等考量的重要因素。

锅炉生产单位及其主要负责人无正当理由未采纳质量安全总监和质量安全员依照本规定第五条提出的意见或者建议的，应当认为质量安全总监和质量安全员已经依法履职尽责，不予处罚。

**第十七条** 锅炉生产单位未按规定建立锅炉质量安全管理制度，或者未按规定配备、培训、考核质量安全总监和质量安全员的，由县级以上地方市场监督管理部门责令改正并给予通报批评；拒不改正的，处五千元以上五万元以下罚款，并将处罚情况纳入国家企业信用信息公示系统。法律、行政法规另有规定的，依照其规定执行。

锅炉生产单位主要负责人、质量安全总监、质量安全员未按规定要求落实质量安全责任的，由县级以上地方市场监督管理部门责令改正并给予通报批评；拒不改正的，对责任人处二千元以上一万元以下罚款。法律、行政法规另有规定的，依照其规定执行。

**第十八条** 本规定下列用语的含义是：

（一）锅炉生产单位主要负责人是指本单位的法定代表人、法定代表委托人或者实际控制人；

（二）质量安全总监是指本单位管理层中负责质量保证系统安全运转的管理人员；

（三）质量安全员是指本单位具体负责质量过程控制的检查人员。

## 第三章 压力容器

**第十九条** 压力容器生产单位应当依法配备质量安全总监和质量安全员，明确质量安全总监和质量安全员的岗位职责。

压力容器生产单位主要负责人对本单位压力容器质量安全全面负责，建立并落实压力容器质量安全主体责任的长效机制。质量安全总监和质量安全员应当按照岗位职责，协助单位主要负责人做好压力容器质量安全管理工作。

**第二十条** 压力容器生产单位主要负责人应当支持和保障质量安全总监和质量安全员依法开展压力容器质量安全管理工作，在作出涉及压力容器质量安全的重大决策前，应当充分听取质量安全总监和质量安全员的意见和建议。

质量安全总监、质量安全员发现压力容器产品存在危及安全的缺陷时，应当提出停止相关压力容器生产等否决建议，压力容器生产单位应当立即分析研判，采取处置措施，消除风险隐患。对已经出厂的产品发现存在同一性缺陷的，应当依法及时召回，并报当地省级市场监督管理部门。

**第二十一条** 质量安全总监和质量安全员应当具备下列压力容器质量安全管理能力：

（一）熟悉压力容器生产相关法律法规、安全技术规范、标准和本单位质量保证体系；

（二）质量安全总监不得兼任质量安全员，质量安全员最多只能担任两个不相关的质量控制岗位；

（三）具备识别和防控压力容器质量安全风险的专业知识；

（四）熟悉本单位压力容器质量安全相关的设施设备、工艺流程、操作规程等生产过程控制要求；

（五）具有与所负责工作相关的专业教育背景和工作

经验，熟悉任职岗位的工作任务和要求；

（六）符合特种设备法律法规和安全技术规范的其他要求。

**第二十二条** 质量安全总监按照职责要求，直接对本单位主要负责人负责，承担下列职责：

（一）组织贯彻、实施压力容器有关的法律法规、安全技术规范及相关标准，对质量保证系统的实施负责；

（二）组织制定质量保证手册、程序文件、作业指导书等质量保证体系文件，批准程序文件；

（三）指导和协调、监督检查质量保证体系各质量控制系统的工作；

（四）组织建立并持续维护压力容器质量安全追溯体系；

（五）组织质量分析、质量审核并协助进行管理评审工作；

（六）实施对不合格品（项）的控制，行使质量安全一票否决权；

（七）建立企业公告板制度，对所生产的压力容器安全事故事件、质量缺陷和事故隐患等情况，及时予以公示；

（八）组织建立和健全内外部质量信息反馈和处理的信息系统；

（九）向市场监督管理部门如实反映质量安全问题；

（十）组织对质量安全员定期进行教育和培训；

（十一）接受和配合市场监督管理部门开展的监督检查和事故调查，并如实提供有关材料；

（十二）履行市场监督管理部门规定和本单位要求的其他压力容器质量安全管理职责。

压力容器生产单位应当按照前款规定，结合本单位实际，细化制定《压力容器质量安全总监职责》。

**第二十三条** 质量安全员按照职责要求，对质量安全总监或者单位主要负责人负责，承担下列职责：

（一）负责审核质量控制程序文件和作业指导书；

（二）按照安全技术规范和质量保证手册要求，审查确认相关工作见证，检查生产过程的质量控制程序和要求实施情况；

（三）发现问题应当与当事人及时联系、解决，必要时责令停止当事人的工作，将情况向质量安全总监报告；

（四）组织对相关技术人员定期进行教育和培训；

（五）配合检验机构做好压力容器型式试验、监督检验等工作；

（六）接受和配合市场监督管理部门开展的监督检查和事故调查，并如实提供有关材料；

（七）履行市场监督管理部门规定和本单位要求的其他压力容器质量安全管理职责。

压力容器生产单位应当按照前款规定，结合本单位实际，细化制定《压力容器质量安全员守则》。

**第二十四条** 压力容器生产单位应当建立基于压力容器质量安全风险防控的动态管理机制，结合本单位实际，落实自查要求，制定《压力容器质量安全风险管控清单》，建立健全日管控、周排查、月调度工作制度和机制。

**第二十五条** 压力容器生产单位应当建立压力容器质量安全日管控制度。质量安全员要每日根据《压力容器质量安全风险管控清单》进行检查，形成《每日压力容器质量安全检查记录》，对发现的质量安全风险隐患，应当立即采取防范措施，及时上报质量安全总监或者单位主要负责人。未发现问题的，也应当予以记录，实行零风险报告。

**第二十六条** 压力容器生产单位应当建立压力容器质量安全周排查制度。质量安全总监要每周至少组织一次风险隐患排查，分析研判压力容器质量安全管理情况，研究解决日管控中发现的问题，形成《每周压力容器质量安全排查治理报告》。

**第二十七条** 压力容器生产单位应当建立压力容器质量安全月调度制度。单位主要负责人要每月至少听取一次质量安全总监管理工作情况汇报，对当月压力容器质量安全日常管理、风险隐患排查治理等情况进行总结，对下个月重点工作作出调度安排，形成《每月压力容器质量安全调度会议纪要》。

**第二十八条** 压力容器生产单位应当将主要负责人、

质量安全总监和质量安全员的设立、调整情况，《压力容器质量安全风险管控清单》《压力容器质量安全总监职责》《压力容器质量安全员守则》以及质量安全总监、质量安全员提出的意见建议、报告和问题整改落实等履职情况予以记录并存档备查。

**第二十九条** 市场监督管理部门应当将压力容器生产单位建立并落实压力容器质量安全责任制等管理制度，在日管控、周排查、月调度中发现的压力容器质量安全风险隐患以及整改情况作为监督检查的重要内容。

**第三十条** 压力容器生产单位应当对质量安全总监和质量安全员进行法律法规、标准和专业知识培训、考核，同时对培训、考核情况予以记录并存档备查。

县级以上地方市场监督管理部门按照国家市场监督管理总局制定的《压力容器质量安全管理人员考核指南》，组织对本辖区内压力容器生产单位的质量安全总监和质量安全员随机进行监督抽查考核并公布考核结果。监督抽查考核不得收取费用。

监督抽查考核不合格，不再符合压力容器生产要求的，生产单位应当立即采取整改措施。

**第三十一条** 压力容器生产单位应当为质量安全总监和质量安全员提供必要的工作条件、教育培训和岗位待遇，充分保障其依法履行职责。

鼓励压力容器生产单位建立对质量安全总监和质量

安全员的激励约束机制，对工作成效显著的给予表彰和奖励，对履职不到位的予以惩戒。

市场监督管理部门在查处压力容器生产单位违法行为时，应当将压力容器生产单位落实质量安全主体责任情况作为判断其主观过错、违法情节、处罚幅度等考量的重要因素。

压力容器生产单位及其主要负责人无正当理由未采纳质量安全总监和质量安全员依照本规定第二十条提出的意见或者建议的，应当认为质量安全总监和质量安全员已经依法履职尽责，不予处罚。

**第三十二条** 压力容器生产单位未按规定建立压力容器质量安全管理制度，或者未按规定配备、培训、考核质量安全总监和质量安全员的，由县级以上地方市场监督管理部门责令改正并给予通报批评；拒不改正的，处五千元以上五万元以下罚款，并将处罚情况纳入国家企业信用信息公示系统。法律、行政法规另有规定的，依照其规定执行。

压力容器生产单位主要负责人、质量安全总监、质量安全员未按规定要求落实质量安全责任的，由县级以上地方市场监督管理部门责令改正并给予通报批评；拒不改正的，对责任人处二千元以上一万元以下罚款。法律、行政法规另有规定的，依照其规定执行。

**第三十三条** 本规定下列用语的含义是：

（一）压力容器生产单位主要负责人是指本单位的法定代表人、法定代表委托人或者实际控制人；

（二）质量安全总监是指本单位管理层中负责质量保证系统安全运转的管理人员；

（三）质量安全员是指本单位具体负责质量过程控制的检查人员。

## 第四章　气　　瓶

**第三十四条**　气瓶生产单位应当依法配备质量安全总监和质量安全员，明确质量安全总监和质量安全员的岗位职责。

气瓶生产单位主要负责人对本单位气瓶质量安全全面负责，建立并落实气瓶质量安全主体责任的长效机制。质量安全总监和质量安全员应当按照岗位职责，协助单位主要负责人做好气瓶质量安全管理工作。

**第三十五条**　气瓶生产单位主要负责人应当支持和保障质量安全总监和质量安全员依法开展气瓶质量安全管理工作，在作出涉及气瓶质量安全的重大决策前，应当充分听取质量安全总监和质量安全员的意见和建议。

质量安全总监、质量安全员发现气瓶产品存在危及安全的缺陷时，应当提出停止相关气瓶生产等否决建议，气瓶生产单位应当立即分析研判，采取处置措施，消除风险隐患。对已经出厂的产品发现存在同一性缺陷的，应当依法及时召回，并报当地省级市场监督管理部门。

**第三十六条** 质量安全总监和质量安全员应当具备下列气瓶质量安全管理能力：

（一）熟悉气瓶生产相关法律法规、安全技术规范、标准和本单位质量保证体系；

（二）质量安全总监不得兼任质量安全员，质量安全员最多只能担任两个不相关的质量控制岗位；

（三）具备识别和防控气瓶质量安全风险的专业知识；

（四）熟悉本单位气瓶质量安全相关的设施设备、工艺流程、操作规程等生产过程控制要求；

（五）具有与所负责工作相关的专业教育背景和工作经验，熟悉任职岗位的工作任务和要求；

（六）符合特种设备法律法规和安全技术规范的其他要求。

**第三十七条** 质量安全总监按照职责要求，直接对本单位主要负责人负责，承担下列职责：

（一）组织贯彻、实施气瓶有关的法律法规、安全技术规范及相关标准，对质量保证系统的实施负责；

（二）组织制定质量保证手册、程序文件、作业指导书等质量保证体系文件，批准程序文件；

（三）指导和协调、监督检查质量保证体系各质量控制系统的工作；

（四）组织建立并持续维护气瓶质量安全追溯体系；

（五）组织质量分析、质量审核并协助进行管理评审工作；

（六）实施对不合格品（项）的控制，行使质量安全一票否决权；

（七）建立企业公告板制度，对所生产的气瓶安全事故事件、质量缺陷和事故隐患等情况，及时予以公示；

（八）组织建立和健全内外部质量信息反馈和处理的信息系统；

（九）向市场监督管理部门如实反映质量安全问题；

（十）组织对质量安全员定期进行教育和培训；

（十一）接受和配合市场监督管理部门开展的监督检查和事故调查，并如实提供有关材料；

（十二）履行市场监督管理部门规定和本单位要求的其他气瓶质量安全管理职责。

气瓶生产单位应当按照前款规定，结合本单位实际，细化制定《气瓶质量安全总监职责》。

**第三十八条** 质量安全员按照职责要求，对质量安全总监或者单位主要负责人负责，承担下列职责：

（一）负责审核质量控制程序文件和作业指导书；

（二）按照安全技术规范和质量保证手册要求，审查确认相关工作见证，检查生产过程的质量控制程序和要求实施情况；

（三）落实本单位气瓶制造质量安全追溯信息平台各项功能，并实施每日检查；

（四）发现问题应当与当事人及时联系、解决，必要时责令停止当事人的工作，将情况向质量安全总监报告；

（五）组织对相关技术人员定期进行教育和培训；

（六）配合检验机构做好气瓶设计文件鉴定、型式试验、监督检验等工作；

（七）接受和配合市场监督管理部门开展的监督检查和事故调查，并如实提供有关材料；

（八）履行市场监督管理部门规定和本单位要求的其他气瓶质量安全管理职责。

气瓶生产单位应当按照前款规定，结合本单位实际，细化制定《气瓶质量安全员守则》。

**第三十九条** 气瓶生产单位应当建立基于气瓶质量安全风险防控的动态管理机制，结合本单位实际，落实自查要求，制定《气瓶质量安全风险管控清单》，建立健全日管控、周排查、月调度工作制度和机制。

**第四十条** 气瓶生产单位应当建立气瓶质量安全日管控制度。质量安全员要每日根据《气瓶质量安全风险管控清单》进行检查，形成《每日气瓶质量安全检查记录》，对发现的质量安全风险隐患，应当立即采取防范措施，及时上报质量安全总监或者单位主要负责人。未发现问题的，也应当予以记录，实行零风险报告。

**第四十一条**　气瓶生产单位应当建立气瓶质量安全周排查制度。质量安全总监要每周至少组织一次风险隐患排查，分析研判气瓶质量安全管理情况，研究解决日管控中发现的问题，形成《每周气瓶质量安全排查治理报告》。

**第四十二条**　气瓶生产单位应当建立气瓶质量安全月调度制度。单位主要负责人要每月至少听取一次质量安全总监管理工作情况汇报，对当月气瓶质量安全日常管理、风险隐患排查治理等情况进行总结，对下个月重点工作作出调度安排，形成《每月气瓶质量安全调度会议纪要》。

**第四十三条**　气瓶生产单位应当将主要负责人、质量安全总监和质量安全员的设立、调整情况，《气瓶质量安全风险管控清单》《气瓶质量安全总监职责》《气瓶质量安全员守则》以及质量安全总监、质量安全员提出的意见建议、报告和问题整改落实等履职情况予以记录并存档备查。

**第四十四条**　市场监督管理部门应当将气瓶生产单位建立并落实气瓶质量安全责任制等管理制度，在日管控、周排查、月调度中发现的气瓶质量安全风险隐患以及整改情况作为监督检查的重要内容。

**第四十五条**　气瓶生产单位应当对质量安全总监和质量安全员进行法律法规、标准和专业知识培训、考核，同时对培训、考核情况予以记录并存档备查。

县级以上地方市场监督管理部门按照国家市场监督管理总局制定的《气瓶质量安全管理人员考核指南》，组织对本辖区内气瓶生产单位的质量安全总监和质量安全员随机进行监督抽查考核并公布考核结果。监督抽查考核不得收取费用。

监督抽查考核不合格，不再符合气瓶生产要求的，生产单位应当立即采取整改措施。

**第四十六条** 气瓶生产单位应当为质量安全总监和质量安全员提供必要的工作条件、教育培训和岗位待遇，充分保障其依法履行职责。

鼓励气瓶生产单位建立对质量安全总监和质量安全员的激励约束机制，对工作成效显著的给予表彰和奖励，对履职不到位的予以惩戒。

市场监督管理部门在查处气瓶生产单位违法行为时，应当将气瓶生产单位落实质量安全主体责任情况作为判断其主观过错、违法情节、处罚幅度等考量的重要因素。

气瓶生产单位及其主要负责人无正当理由未采纳质量安全总监和质量安全员依照本规定第三十五条提出的意见或者建议的，应当认为质量安全总监和质量安全员已经依法履职尽责，不予处罚。

**第四十七条** 气瓶生产单位未按规定建立气瓶质量安全管理制度，或者未按规定配备、培训、考核质量安全总监和质量安全员的，由县级以上地方市场监督管理部门责令改正并给予通报批评；拒不改正的，处五千元以上五万元以下罚款，并将处罚情况纳入国家企业信用信息公示系统。法律、行政法规另有规定的，依照其规定执行。

气瓶生产单位主要负责人、质量安全总监、质量安全员未按规定要求落实质量安全责任的，由县级以上地方市场监督管理部门责令改正并给予通报批评；拒不改正的，对责任人处二千元以上一万元以下罚款。法律、行政法规另有规定的，依照其规定执行。

**第四十八条** 本规定下列用语的含义是：

（一）气瓶生产单位主要负责人是指本单位的法定代表人、法定代表委托人或者实际控制人；

（二）质量安全总监是指本单位管理层中负责质量保证系统安全运转的管理人员；

（三）质量安全员是指本单位具体负责质量过程控制的检查人员。

## 第五章 压力管道

**第四十九条** 压力管道生产单位应当依法配备质量安全总监和质量安全员，明确质量安全总监和质量安全员的岗位职责。

压力管道生产单位主要负责人对本单位压力管道质

量安全全面负责，建立并落实压力管道质量安全主体责任的长效机制。质量安全总监和质量安全员应当按照岗位职责，协助单位主要负责人做好压力管道质量安全管理工作。

**第五十条** 压力管道生产单位主要负责人应当支持和保障质量安全总监和质量安全员依法开展压力管道质量安全管理工作，在作出涉及压力管道质量安全的重大决策前，应当充分听取质量安全总监和质量安全员的意见和建议。

质量安全总监、质量安全员发现压力管道产品存在危及安全的缺陷时，应当提出停止相关压力管道生产等否决建议，压力管道生产单位应当立即分析研判，采取处置措施，消除风险隐患。对已经出厂的产品发现存在同一性缺陷的，应当依法及时召回，并报当地省级市场监督管理部门。

**第五十一条** 质量安全总监和质量安全员应当具备下列压力管道质量安全管理能力：

（一）熟悉压力管道生产相关法律法规、安全技术规范、标准和本单位质量保证体系；

（二）质量安全总监不得兼任质量安全员，质量安全员最多只能担任两个不相关的质量控制岗位；

（三）具备识别和防控压力管道质量安全风险的专业知识；

（四）熟悉本单位压力管道质量安全相关的设施设备、工艺流程、操作规程等生产过程控制要求；

（五）具有与所负责工作相关的专业教育背景和工作经验，熟悉任职岗位的工作任务和要求；

（六）符合特种设备法律法规和安全技术规范的其他要求。

**第五十二条** 质量安全总监按照职责要求，直接对本单位主要负责人负责，承担下列职责：

（一）组织贯彻、实施压力管道有关的法律法规、安全技术规范及相关标准，对质量保证系统的实施负责；

（二）组织制定质量保证手册、程序文件、作业指导书等质量保证体系文件，批准程序文件；

（三）指导和协调、监督检查质量保证体系各质量控制系统的工作；

（四）组织建立并持续维护压力管道质量安全追溯体系；

（五）组织质量分析、质量审核并协助进行管理评审工作；

（六）实施对不合格品（项）的控制，行使质量安全一票否决权；

（七）建立企业公告板制度，对所生产的压力管道安全事故事件、质量缺陷和事故隐患等情况，及时予以公示；

（八）组织建立和健全内外部质量信息反馈和处理的

信息系统；

（九）向市场监督管理部门如实反映质量安全问题；

（十）组织对质量安全员定期进行教育和培训；

（十一）接受和配合市场监督管理部门开展的监督检查和事故调查，并如实提供有关材料；

（十二）履行市场监督管理部门规定和本单位要求的其他压力管道质量安全管理职责。

压力管道生产单位应当按照前款规定，结合本单位实际，细化制定《压力管道质量安全总监职责》。

**第五十三条** 质量安全员按照职责要求，对质量安全总监或者单位主要负责人负责，承担下列职责：

（一）负责审核质量控制程序文件和作业指导书；

（二）按照安全技术规范和质量保证手册要求，审查确认相关工作见证，检查生产过程的质量控制程序和要求实施情况；

（三）发现问题应当与当事人及时联系、解决，必要时责令停止当事人的工作，将情况向质量安全总监报告；

（四）组织对相关技术人员定期进行教育和培训；

（五）配合检验机构做好压力管道元件型式试验、压力管道监督检验等工作；

（六）接受和配合市场监督管理部门开展的监督检查和事故调查，并如实提供有关材料；

（七）履行市场监督管理部门规定和本单位要求的其

他压力管道质量安全管理职责。

压力管道生产单位应当按照前款规定，结合本单位实际，细化制定《压力管道质量安全员守则》。

**第五十四条** 压力管道生产单位应当建立基于压力管道质量安全风险防控的动态管理机制，结合本单位实际，落实自查要求，制定《压力管道质量安全风险管控清单》，建立健全日管控、周排查、月调度工作制度和机制。

**第五十五条** 压力管道生产单位应当建立压力管道质量安全日管控制度。质量安全员要每日根据《压力管道质量安全风险管控清单》进行检查，形成《每日压力管道质量安全检查记录》，对发现的质量安全风险隐患，应当立即采取防范措施，及时上报质量安全总监或者单位主要负责人。未发现问题的，也应当予以记录，实行零风险报告。

**第五十六条** 压力管道生产单位应当建立压力管道质量安全周排查制度。质量安全总监要每周至少组织一次风险隐患排查，分析研判压力管道质量安全管理情况，研究解决日管控中发现的问题，形成《每周压力管道质量安全排查治理报告》。

**第五十七条** 压力管道生产单位应当建立压力管道质量安全月调度制度。单位主要负责人要每月至少听取一次质量安全总监管理工作情况汇报，对当月压力管道质量安全日常管理、风险隐患排查治理等情况进行总结，对下个月重点工作作出调度安排，形成《每月压力管道质量安全调度会议纪要》。

**第五十八条** 压力管道生产单位应当将主要负责人、质量安全总监和质量安全员的设立、调整情况，《压力管道质量安全风险管控清单》《压力管道质量安全总监职责》《压力管道质量安全员守则》以及质量安全总监、质量安全员提出的意见建议、报告和问题整改落实等履职情况予以记录并存档备查。

**第五十九条** 市场监督管理部门应当将压力管道生产单位建立并落实压力管道质量安全责任制等管理制度，在日管控、周排查、月调度中发现的压力管道质量安全风险隐患以及整改情况作为监督检查的重要内容。

**第六十条** 压力管道生产单位应当对质量安全总监和质量安全员进行法律法规、标准和专业知识培训、考核，同时对培训、考核情况予以记录并存档备查。

县级以上地方市场监督管理部门按照国家市场监督管理总局制定的《压力管道质量安全管理人员考核指南》，组织对本辖区内压力管道生产单位的质量安全总监和质量安全员随机进行监督抽查考核并公布考核结果。监督抽查考核不得收取费用。

监督抽查考核不合格，不再符合压力管道生产要求的，生产单位应当立即采取整改措施。

**第六十一条** 压力管道生产单位应当为质量安全总

监和质量安全员提供必要的工作条件、教育培训和岗位待遇，充分保障其依法履行职责。

鼓励压力管道生产单位建立对质量安全总监和质量安全员的激励约束机制，对工作成效显著的给予表彰和奖励，对履职不到位的予以惩戒。

市场监督管理部门在查处压力管道生产单位违法行为时，应当将压力管道生产单位落实质量安全主体责任情况作为判断其主观过错、违法情节、处罚幅度等考量的重要因素。

压力管道生产单位及其主要负责人无正当理由未采纳质量安全总监和质量安全员依照本规定第五十条提出的意见或者建议的，应当认为质量安全总监和质量安全员已经依法履职尽责，不予处罚。

**第六十二条** 压力管道生产单位未按规定建立压力管道质量安全管理制度，或者未按规定配备、培训、考核质量安全总监和质量安全员的，由县级以上地方市场监督管理部门责令改正并给予通报批评；拒不改正的，处五千元以上五万元以下罚款，并将处罚情况纳入国家企业信用信息公示系统。法律、行政法规另有规定的，依照其规定执行。

压力管道生产单位主要负责人、质量安全总监、质量安全员未按规定要求落实质量安全责任的，由县级以上地方市场监督管理部门责令改正并给予通报批评；拒不改正的，对责任人处二千元以上一万元以下罚款。法律、行政法规另有规定的，依照其规定执行。

**第六十三条** 本规定下列用语的含义是：

（一）压力管道生产单位主要负责人是指本单位的法定代表人、法定代表委托人或者实际控制人；

（二）质量安全总监是指本单位管理层中负责质量保证系统安全运转的管理人员；

（三）质量安全员是指本单位具体负责质量过程控制的检查人员；

（四）压力管道生产单位是指压力管道设计、安装、改造、修理单位或者压力管道元件制造单位。

## 第六章 电 梯

**第六十四条** 电梯制造单位进行电梯及其安全保护装置和主要部件的设计时，应当开展有关电梯安全性能的风险评价，采取适当措施消除风险隐患，保证其所设计的电梯及其安全保护装置和主要部件不存在危及人身、财产安全等危险。

电梯制造单位应当明确电梯的主要部件和安全保护装置质量保证期限自监督检验合格起不得低于五年。在质量保证期限内，存在质量问题的，电梯的制造单位应当负责免费修理或者更换。对本单位制造并已经投入使用的电梯，电梯制造单位应提供必要的技术服务和必需的备品配件，指导并协助解决电梯使用过程中涉及的质量安全问题。

**第六十五条** 电梯生产单位应当依法配备质量安全总监和质量安全员，明确质量安全总监和质量安全员的岗位职责。

电梯生产单位主要负责人对本单位电梯质量安全全面负责，建立并落实电梯质量安全主体责任的长效机制。质量安全总监和质量安全员应当按照岗位职责，协助单位主要负责人做好电梯质量安全管理工作。

**第六十六条** 电梯生产单位主要负责人应当支持和保障质量安全总监和质量安全员依法开展电梯质量安全管理工作，在作出涉及电梯质量安全的重大决策前，应当充分听取质量安全总监和质量安全员的意见和建议。

质量安全总监、质量安全员发现电梯产品存在危及安全的缺陷时，应当提出停止相关电梯生产等否决建议，电梯生产单位应当立即分析研判，采取处置措施，消除风险隐患。对已经出厂的产品发现存在同一性缺陷的，应当依法及时召回，并报当地省级市场监督管理部门。

**第六十七条** 质量安全总监和质量安全员应当具备下列电梯质量安全管理能力：

（一）熟悉电梯生产相关法律法规、安全技术规范、标准和本单位质量保证体系；

（二）质量安全总监不得兼任质量安全员，质量安全员最多只能担任两个不相关的质量控制岗位；

（三）具备识别和防控电梯质量安全风险的专业知识；

（四）熟悉本单位电梯质量安全相关的设施设备、工艺流程、操作规程等生产过程控制要求；

（五）具有与所负责工作相关的专业教育背景和工作经验，熟悉任职岗位的工作任务和要求；

（六）符合特种设备法律法规和安全技术规范的其他要求。

**第六十八条** 质量安全总监按照职责要求，直接对本单位主要负责人负责，承担下列职责：

（一）组织贯彻、实施电梯有关的法律法规、安全技术规范及相关标准，对质量保证系统的实施负责；

（二）组织制定质量保证手册、程序文件、作业指导书等质量保证体系文件，批准程序文件；

（三）指导和协调、监督检查质量保证体系各质量控制系统的工作；

（四）组织建立并持续维护电梯质量安全追溯体系、关键部件寿命公示和产品质量保证期限工作；

（五）组织质量分析、质量审核并协助进行管理评审工作；

（六）实施对不合格品（项）的控制，行使质量安全一票否决权；

（七）建立企业公告板制度，对所生产的电梯安全事故事件、质量缺陷和事故隐患等情况，及时予以公示；

（八）组织建立和健全内外部质量信息反馈和处理的信息系统；

（九）向市场监督管理部门如实反映质量安全问题；

（十）组织对质量安全员定期进行教育和培训；

（十一）接受和配合市场监督管理部门开展的监督检查和事故调查，并如实提供有关材料；

（十二）履行市场监督管理部门规定和本单位要求的其他电梯质量安全管理职责。

电梯生产单位应当按照前款规定，结合本单位实际，细化制定《电梯质量安全总监职责》。

**第六十九条** 质量安全员按照职责要求，对质量安全总监或者单位主要负责人负责，承担下列职责：

（一）负责审核质量控制程序文件和作业指导书；

（二）按照安全技术规范和质量保证手册要求，审查确认相关工作见证，检查生产过程的质量控制程序和要求实施情况；

（三）发现问题应当与当事人及时联系、解决，必要时责令停止当事人的工作，将情况向质量安全总监报告；

（四）组织对相关技术人员定期进行教育和培训；

（五）配合检验机构做好电梯型式试验、监督检验等工作；

（六）接受和配合市场监督管理部门开展的监督检查和事故调查，并如实提供有关材料；

（七）履行市场监督管理部门规定和本单位要求的其他电梯质量安全管理职责。

电梯生产单位应当按照前款规定，结合本单位实际，细化制定《电梯质量安全员守则》。

**第七十条** 电梯生产单位应当建立基于电梯质量安全风险防控的动态管理机制，结合本单位实际，落实自查要求，制定《电梯质量安全风险管控清单》，建立健全日管控、周排查、月调度工作制度和机制。

**第七十一条** 电梯生产单位应当建立电梯质量安全日管控制度。质量安全员要每日根据《电梯质量安全风险管控清单》进行检查，形成《每日电梯质量安全检查记录》，对发现的质量安全风险隐患，应当立即采取防范措施，及时上报质量安全总监或者单位主要负责人。未发现问题的，也应当予以记录，实行零风险报告。

**第七十二条** 电梯生产单位应当建立电梯质量安全周排查制度。质量安全总监要每周至少组织一次风险隐患排查，分析研判电梯质量安全管理情况，研究解决日管控中发现的问题，形成《每周电梯质量安全排查治理报告》。

**第七十三条** 电梯生产单位应当建立电梯质量安全月调度制度。单位主要负责人要每月至少听取一次质量安全总监管理工作情况汇报，对当月电梯质量安全日常管理、风险隐患排查治理等情况进行总结，对下个月重点工作作出调度安排，形成《每月电梯质量安全调度会议纪要》。

**第七十四条** 电梯生产单位应当将主要负责人、质量安全总监和质量安全员的设立、调整情况，《电梯质量安全风险管控清单》《电梯质量安全总监职责》《电梯质量安全员守则》以及质量安全总监、质量安全员提出的意见建议、报告和问题整改落实等履职情况予以记录并存档备查。

**第七十五条** 市场监督管理部门应当将电梯生产单位建立并落实电梯质量安全责任制等管理制度，在日管控、周排查、月调度中发现的电梯质量安全风险隐患以及整改情况作为监督检查的重要内容。

**第七十六条** 电梯生产单位应当对质量安全总监和质量安全员进行法律法规、标准和专业知识培训、考核，同时对培训、考核情况予以记录并存档备查。

县级以上地方市场监督管理部门按照国家市场监督管理总局制定的《电梯质量安全管理人员考核指南》，组织对本辖区内电梯生产单位的质量安全总监和质量安全员随机进行监督抽查考核并公布考核结果。监督抽查考核不得收取费用。

监督抽查考核不合格，不再符合电梯生产要求的，生产单位应当立即采取整改措施。

**第七十七条** 电梯生产单位应当为质量安全总监和质量安全员提供必要的工作条件、教育培训和岗位待遇，充分保障其依法履行职责。

鼓励电梯生产单位建立对质量安全总监和质量安全员的激励约束机制，对工作成效显著的给予表彰和奖励，对履职不到位的予以惩戒。

市场监督管理部门在查处电梯生产单位违法行为时，应当将电梯生产单位落实质量安全主体责任情况作为判断其主观过错、违法情节、处罚幅度等考量的重要因素。

电梯生产单位及其主要负责人无正当理由未采纳质量安全总监和质量安全员依照本规定第六十六条提出的意见或者建议的，应当认为质量安全总监和质量安全员已经依法履职尽责，不予处罚。

**第七十八条** 电梯生产单位未按规定建立电梯质量安全管理制度，或者未按规定配备、培训、考核质量安全总监和质量安全员的，由县级以上地方市场监督管理部门责令改正并给予通报批评；拒不改正的，处五千元以上五万元以下罚款，并将处罚情况纳入国家企业信用信息公示系统。法律、行政法规另有规定的，依照其规定执行。

电梯生产单位主要负责人、质量安全总监、质量安全员未按规定要求落实质量安全责任的，由县级以上地方市场监督管理部门责令改正并给予通报批评；拒不改正的，对责任人处二千元以上一万元以下罚款。法律、行政法规另有规定的，依照其规定执行。

**第七十九条** 本规定下列用语的含义是：

（一）电梯生产单位主要负责人是指本单位的法定代表人、法定代表委托人或者实际控制人；

（二）质量安全总监是指本单位管理层中负责质量保证系统安全运转的管理人员；

（三）质量安全员是指本单位具体负责质量过程控制的检查人员。

## 第七章 起重机械

**第八十条** 起重机械生产单位应当依法配备质量安全总监和质量安全员，明确质量安全总监和质量安全员的岗位职责。

起重机械生产单位主要负责人对本单位起重机械质量安全全面负责，建立并落实起重机械质量安全主体责任的长效机制。质量安全总监和质量安全员应当按照岗位职责，协助单位主要负责人做好起重机械质量安全管理工作。

**第八十一条** 起重机械生产单位主要负责人应当支持和保障质量安全总监和质量安全员依法开展起重机械

质量安全管理工作，在作出涉及起重机械质量安全的重大决策前，应当充分听取质量安全总监和质量安全员的意见和建议。

质量安全总监、质量安全员发现起重机械产品存在危及安全的缺陷时，应当提出停止相关起重机械生产等否决建议，起重机械生产单位应当立即分析研判，采取处置措施，消除风险隐患。对已经出厂的产品发现存在同一性缺陷的，应当依法及时召回，并报当地省级市场监督管理部门。

**第八十二条** 质量安全总监和质量安全员应当具备下列起重机械质量安全管理能力：

（一）熟悉起重机械生产相关法律法规、安全技术规范、标准和本单位质量保证体系；

（二）质量安全总监不得兼任质量安全员，质量安全员最多只能担任两个不相关的质量控制岗位；

（三）具备识别和防控起重机械质量安全风险的专业知识；

（四）熟悉本单位起重机械质量安全相关的设施设备、工艺流程、操作规程等生产过程控制要求；

（五）具有与所负责工作相关的专业教育背景和工作经验，熟悉任职岗位的工作任务和要求；

（六）符合特种设备法律法规和安全技术规范的其他要求。

**第八十三条** 质量安全总监按照职责要求，直接对本单位主要负责人负责，承担下列职责：

（一）组织贯彻、实施起重机械有关的法律法规、安全技术规范及相关标准，对质量保证系统的实施负责；

（二）组织制定质量保证手册、程序文件、作业指导书等质量保证体系文件，批准程序文件；

（三）指导和协调、监督检查质量保证体系各质量控制系统的工作；

（四）组织建立并持续维护起重机械质量安全追溯体系；

（五）组织质量分析、质量审核并协助进行管理评审工作；

（六）实施对不合格品（项）的控制，行使质量安全一票否决权；

（七）建立企业公告板制度，对所生产的起重机械安全事故事件、质量缺陷和事故隐患等情况，及时予以公示；

（八）组织建立和健全内外部质量信息反馈和处理的信息系统；

（九）向市场监督管理部门如实反映质量安全问题；

（十）组织对质量安全员定期进行教育和培训；

（十一）接受和配合市场监督管理部门开展的监督检查和事故调查，并如实提供有关材料；

（十二）履行市场监督管理部门规定和本单位要求的

其他起重机械质量安全管理职责。

起重机械生产单位应当按照前款规定，结合本单位实际，细化制定《起重机械质量安全总监职责》。

**第八十四条** 质量安全员按照职责要求，对质量安全总监或者单位主要负责人负责，承担下列职责：

（一）负责审核质量控制程序文件和作业指导书；

（二）按照安全技术规范和质量保证手册要求，审查确认相关工作见证，检查生产过程的质量控制程序和要求实施情况；

（三）发现问题应当与当事人及时联系、解决，必要时责令停止当事人的工作，将情况向质量安全总监报告；

（四）组织对相关技术人员定期进行教育和培训；

（五）配合检验机构做好起重机械型式试验、监督检验等工作；

（六）接受和配合市场监督管理部门开展的监督检查和事故调查，并如实提供有关材料；

（七）履行市场监督管理部门规定和本单位要求的其他起重机械质量安全管理职责。

起重机械生产单位应当按照前款规定，结合本单位实际，细化制定《起重机械质量安全员守则》。

**第八十五条** 起重机械生产单位应当建立基于起重机械质量安全风险防控的动态管理机制，结合本单位实际，落实自查要求，制定《起重机械质量安全风险管控清单》，建立健全日管控、周排查、月调度工作制度和机制。

**第八十六条** 起重机械生产单位应当建立起重机械质量安全日管控制度。质量安全员要每日根据《起重机械质量安全风险管控清单》进行检查，形成《每日起重机械质量安全检查记录》，对发现的质量安全风险隐患，应当立即采取防范措施，及时上报质量安全总监或者单位主要负责人。未发现问题的，也应当予以记录，实行零风险报告。

**第八十七条** 起重机械生产单位应当建立起重机械质量安全周排查制度。质量安全总监要每周至少组织一次风险隐患排查，分析研判起重机械质量安全管理情况，研究解决日管控中发现的问题，形成《每周起重机械质量安全排查治理报告》。

**第八十八条** 起重机械生产单位应当建立起重机械质量安全月调度制度。单位主要负责人要每月至少听取一次质量安全总监管理工作情况汇报，对当月起重机械质量安全日常管理、风险隐患排查治理等情况进行总结，对下个月重点工作作出调度安排，形成《每月起重机械质量安全调度会议纪要》。

**第八十九条** 起重机械生产单位应当将主要负责人、质量安全总监和质量安全员的设立、调整情况，《起重机械质量安全风险管控清单》《起重机械质量安全总监职责》《起重机械质量安全员守则》以及质量安全总监、质量安全员提出的意见建议、报告和问题整改落实等履职情况予以记录并存档备查。

**第九十条** 市场监督管理部门应当将起重机械生产单位建立并落实起重机械质量安全责任制等管理制度，在日管控、周排查、月调度中发现的起重机械质量安全风险隐患以及整改情况作为监督检查的重要内容。

**第九十一条** 起重机械生产单位应当对质量安全总监和质量安全员进行法律法规、标准和专业知识培训、考核，同时对培训、考核情况予以记录并存档备查。

县级以上地方市场监督管理部门按照国家市场监督管理总局制定的《起重机械质量安全管理人员考核指南》，组织对本辖区内起重机械生产单位的质量安全总监和质量安全员随机进行监督抽查考核并公布考核结果。监督抽查考核不得收取费用。

监督抽查考核不合格，不再符合起重机械生产要求的，生产单位应当立即采取整改措施。

**第九十二条** 起重机械生产单位应当为质量安全总监和质量安全员提供必要的工作条件、教育培训和岗位待遇，充分保障其依法履行职责。

鼓励起重机械生产单位建立对质量安全总监和质量安全员的激励约束机制，对工作成效显著的给予表彰和奖励，对履职不到位的予以惩戒。

市场监督管理部门在查处起重机械生产单位违法行

为时，应当将起重机械生产单位落实质量安全主体责任情况作为判断其主观过错、违法情节、处罚幅度等考量的重要因素。

起重机械生产单位及其主要负责人无正当理由未采纳质量安全总监和质量安全员依照本规定第八十一条提出的意见或者建议的，应当认为质量安全总监和质量安全员已经依法履职尽责，不予处罚。

**第九十三条** 起重机械生产单位未按规定建立起重机械质量安全管理制度，或者未按规定配备、培训、考核质量安全总监和质量安全员的，由县级以上地方市场监督管理部门责令改正并给予通报批评；拒不改正的，处五千元以上五万元以下罚款，并将处罚情况纳入国家企业信用信息公示系统。法律、行政法规另有规定的，依照其规定执行。

起重机械生产单位主要负责人、质量安全总监、质量安全员未按规定要求落实质量安全责任的，由县级以上地方市场监督管理部门责令改正并给予通报批评；拒不改正的，对责任人处二千元以上一万元以下罚款。法律、行政法规另有规定的，依照其规定执行。

**第九十四条** 本规定下列用语的含义是：

（一）起重机械生产单位主要负责人是指本单位的法定代表人、法定代表委托人或者实际控制人；

（二）质量安全总监是指本单位管理层中负责质量保

证系统安全运转的管理人员；

（三）质量安全员是指本单位具体负责质量过程控制的检查人员。

## 第八章 客运索道

**第九十五条** 客运索道制造单位进行客运索道及其安全保护装置和主要部件的设计时，应当开展有关客运索道安全性能的风险评价，采取适当措施消除风险隐患，保证其所设计的客运索道及其安全保护装置和主要部件不存在危及人身、财产安全等危险。

对本单位制造并已经投入使用的客运索道，客运索道制造单位应提供必要的技术服务和必需的备品配件，指导并协助解决客运索道使用过程中涉及的质量安全问题。

**第九十六条** 客运索道生产单位应当依法配备质量安全总监和质量安全员，明确质量安全总监和质量安全员的岗位职责。

客运索道生产单位主要负责人对本单位客运索道质量安全全面负责，建立并落实客运索道质量安全主体责任的长效机制。质量安全总监和质量安全员应当按照岗位职责，协助单位主要负责人做好客运索道质量安全管理工作。

**第九十七条** 客运索道生产单位主要责任人应当支

持和保障质量安全总监和质量安全员依法开展客运索道质量安全管理工作，在作出涉及客运索道质量安全的重大决策前，应当充分听取质量安全总监和质量安全员的意见和建议。

质量安全总监、质量安全员发现客运索道产品存在危及安全的缺陷时，应当提出停止相关客运索道生产等否决建议，客运索道生产单位应当立即分析研判，采取处置措施，消除风险隐患。对已经出厂的产品发现存在同一性缺陷的，应当依法及时召回，并报当地省级市场监督管理部门。

**第九十八条** 质量安全总监和质量安全员应当具备下列客运索道质量安全管理能力：

（一）熟悉客运索道生产相关法律法规、安全技术规范、标准和本单位质量保证体系；

（二）质量安全总监不得兼任质量安全员，质量安全员最多只能担任两个不相关的质量控制岗位；

（三）具备识别和防控客运索道质量安全风险的专业知识；

（四）熟悉本单位客运索道质量安全相关的设施设备、工艺流程、操作规程等生产过程控制要求；

（五）具有与所负责工作相关的专业教育背景和工作经验，熟悉任职岗位的工作任务和要求；

（六）符合特种设备法律法规和安全技术规范的其他

要求。

**第九十九条** 质量安全总监按照职责要求，直接对本单位主要负责人负责，承担下列职责：

（一）组织贯彻、实施客运索道有关的法律法规、安全技术规范及相关标准，对质量保证系统的实施负责；

（二）组织制定质量保证手册、程序文件、作业指导书等质量保证体系文件，批准程序文件；

（三）指导和协调、监督检查质量保证体系各质量控制系统的工作；

（四）组织建立并持续维护客运索道质量安全追溯体系；

（五）组织质量分析、质量审核并协助进行管理评审工作；

（六）实施对不合格品（项）的控制，行使质量安全一票否决权；

（七）建立企业公告板制度，对所生产的客运索道安全事故事件、质量缺陷和事故隐患等情况，及时予以公示；

（八）组织建立和健全内外部质量信息反馈和处理的信息系统；

（九）向市场监督管理部门如实反映质量安全问题；

（十）组织对质量安全员定期进行教育和培训；

（十一）接受和配合市场监督管理部门开展的监督检查和事故调查，并如实提供有关材料；

（十二）履行市场监督管理部门规定和本单位要求的其他客运索道质量安全管理职责。

客运索道生产单位应当按照前款规定，结合本单位实际，细化制定《客运索道质量安全总监职责》。

**第一百条** 质量安全员按照职责要求，对质量安全总监或者单位主要负责人负责，承担下列职责：

（一）负责审核质量控制程序文件和作业指导书；

（二）按照安全技术规范和质量保证手册要求，审查确认相关工作见证，检查生产过程的质量控制程序和要求实施情况；

（三）发现问题应当与当事人及时联系、解决，必要时责令停止当事人的工作，将情况向质量安全总监报告；

（四）组织对相关技术人员定期进行教育和培训；

（五）配合检验机构做好客运索道设计文件鉴定、型式试验、监督检验等工作；

（六）接受和配合市场监督管理部门开展的监督检查和事故调查，并如实提供有关材料；

（七）履行市场监督管理部门规定和本单位要求的其他客运索道质量安全管理职责。

客运索道生产单位应当按照前款规定，结合本单位实际，细化制定《客运索道质量安全员守则》。

**第一百零一条** 客运索道生产单位应当建立基于客运索道质量安全风险防控的动态管理机制，结合本单位实际，落实自查要求，制定《客运索道质量安全风险管控清单》，建立健全日管控、周排查、月调度工作制度和机制。

**第一百零二条** 客运索道生产单位应当建立客运索道质量安全日管控制度。质量安全员要每日根据《客运索道质量安全风险管控清单》进行检查，形成《每日客运索道质量安全检查记录》，对发现的质量安全风险隐患，应当立即采取防范措施，及时上报质量安全总监或者单位主要负责人。未发现问题的，也应当予以记录，实行零风险报告。

**第一百零三条** 客运索道生产单位应当建立客运索道质量安全周排查制度。质量安全总监要每周至少组织一次风险隐患排查，分析研判客运索道质量安全管理情况，研究解决日管控中发现的问题，形成《每周客运索道质量安全排查治理报告》。

**第一百零四条** 客运索道生产单位应当建立客运索道质量安全月调度制度。单位主要负责人要每月至少听取一次质量安全总监管理工作情况汇报，对当月客运索道质量安全日常管理、风险隐患排查治理等情况进行总结，对下个月重点工作作出调度安排，形成《每月客运索道质量安全调度会议纪要》。

**第一百零五条** 客运索道生产单位应当将主要负责人、质量安全总监和质量安全员的设立、调整情况，《客运索道质量安全风险管控清单》《客运索道质量安全总监职责》《客运索道质量安全员守则》以及质量安全总监、质量安全员提出的意见建议、报告和问题整改落实等履职情况予以记录并存档备查。

**第一百零六条** 市场监督管理部门应当将客运索道生产单位建立并落实客运索道质量安全责任制等管理制度，在日管控、周排查、月调度中发现的客运索道质量安全风险隐患以及整改情况作为监督检查的重要内容。

**第一百零七条** 客运索道生产单位应当对质量安全总监和质量安全员进行法律法规、标准和专业知识培训、考核，同时对培训、考核情况予以记录并存档备查。

县级以上地方市场监督管理部门按照国家市场监督管理总局制定的《客运索道质量安全管理人员考核指南》，组织对本辖区内客运索道生产单位的质量安全总监和质量安全员随机进行监督抽查考核并公布考核结果。监督抽查考核不得收取费用。

监督抽查考核不合格，不再符合客运索道生产要求的，生产单位应当立即采取整改措施。

**第一百零八条** 客运索道生产单位应当为质量安全总监和质量安全员提供必要的工作条件、教育培训和岗位待遇，充分保障其依法履行职责。

鼓励客运索道生产单位建立对质量安全总监和质量安全员的激励约束机制，对工作成效显著的给予表彰和奖励，对履职不到位的予以惩戒。

市场监督管理部门在查处客运索道生产单位违法行为时，应当将客运索道生产单位落实质量安全主体责任情况作为判断其主观过错、违法情节、处罚幅度等考量的重要因素。

客运索道生产单位及其主要负责人无正当理由未采纳质量安全总监和质量安全员依照本规定第九十七条提出的意见或者建议的，应当认为质量安全总监和质量安全员已经依法履职尽责，不予处罚。

**第一百零九条** 客运索道生产单位未按规定建立客运索道质量安全管理制度，或者未按规定配备、培训、考核质量安全总监和质量安全员的，由县级以上地方市场监督管理部门责令改正并给予通报批评；拒不改正的，处五千元以上五万元以下罚款，并将处罚情况纳入国家企业信用信息公示系统。法律、行政法规另有规定的，依照其规定执行。

客运索道生产单位主要负责人、质量安全总监、质量安全员未按规定要求落实质量安全责任的，由县级以上地方市场监督管理部门责令改正并给予通报批评；拒不改正的，对责任人处二千元以上一万元以下罚款。法律、行政法规另有规定的，依照其规定执行。

**第一百一十条** 本规定下列用语的含义是：

（一）客运索道生产单位主要负责人是指本单位的法定代表人、法定代表委托人或者实际控制人；

（二）质量安全总监是指本单位管理层中负责质量保证系统安全运转的管理人员；

（三）质量安全员是指本单位具体负责质量过程控制的检查人员。

## 第九章 大型游乐设施

**第一百一十一条** 大型游乐设施制造单位进行大型游乐设施及其安全保护装置和主要部件的设计时，应当开展有关大型游乐设施安全性能的风险评价，采取适当措施消除风险隐患，保证其所设计的大型游乐设施及其安全保护装置和主要部件不存在危及人身、财产安全等危险。

对本单位制造并已经投入使用的大型游乐设施，大型游乐设施制造单位应提供必要的技术服务和必需的备品配件，指导并协助解决大型游乐设施使用过程中涉及的质量安全问题。

**第一百一十二条** 大型游乐设施生产单位应当依法配备质量安全总监和质量安全员，明确质量安全总监和质量安全员的岗位职责。

大型游乐设施生产单位主要负责人对本单位大型游乐设施质量安全全面负责，建立并落实大型游乐设施质量安全主体责任的长效机制。质量安全总监和质量安全员应当按照岗位职责，协助单位主要负责人做好大型游乐设施质量安全管理工作。

**第一百一十三条** 大型游乐设施生产单位主要负责人应当支持和保障质量安全总监和质量安全员依法开展大型游乐设施质量安全管理工作，在作出涉及大型游乐设施质量安全的重大决策前，应当充分听取质量安全总监和质量安全员的意见和建议。

质量安全总监、质量安全员发现大型游乐设施产品存在危及安全的缺陷时，应当提出停止相关大型游乐设施生产等否决建议，大型游乐设施生产单位应当立即分析研判，采取处置措施，消除风险隐患。对已经出厂的产品发现存在同一性缺陷的，应当依法及时召回，并报当地省级市场监督管理部门。

**第一百一十四条** 质量安全总监和质量安全员应当具备下列大型游乐设施质量安全管理能力：

（一）熟悉大型游乐设施生产相关法律法规、安全技术规范、标准和本单位质量保证体系；

（二）质量安全总监不得兼任质量安全员，质量安全员最多只能担任两个不相关的质量控制岗位；

（三）具备识别和防控大型游乐设施质量安全风险的专业知识；

（四）熟悉本单位大型游乐设施质量安全相关的设施设备、工艺流程、操作规程等生产过程控制要求；

（五）具有与所负责工作相关的专业教育背景和工作经验，熟悉任职岗位的工作任务和要求；

（六）符合特种设备法律法规和安全技术规范的其他要求。

**第一百一十五条** 质量安全总监按照职责要求，直接对本单位主要负责人负责，承担下列职责：

（一）组织贯彻、实施大型游乐设施有关的法律法规、安全技术规范及相关标准，对质量保证系统的实施负责；

（二）组织制定质量保证手册、程序文件、作业指导书等质量保证体系文件，批准程序文件；

（三）指导和协调、监督检查质量保证体系各质量控制系统的工作；

（四）组织建立并持续维护大型游乐设施质量安全追溯体系；

（五）组织质量分析、质量审核并协助进行管理评审工作；

（六）实施对不合格品（项）的控制，行使质量安全一票否决权；

（七）建立企业公告板制度，对所生产的大型游乐设施安全事故事件、质量缺陷和事故隐患等情况，及时予以公示；

（八）组织建立和健全内外部质量信息反馈和处理的

信息系统；

（九）向市场监督管理部门如实反映质量安全问题；

（十）组织对质量安全员定期进行教育和培训；

（十一）接受和配合市场监督管理部门开展的监督检查和事故调查，并如实提供有关材料；

（十二）履行市场监督管理部门规定和本单位要求的其他大型游乐设施质量安全管理职责。

大型游乐设施生产单位应当按照前款规定，结合本单位实际，细化制定《大型游乐设施质量安全总监职责》。

**第一百一十六条** 质量安全员按照职责要求，对质量安全总监或者单位主要负责人负责，承担下列职责：

（一）负责审核质量控制程序文件和作业指导书；

（二）按照安全技术规范和质量保证手册要求，审查确认相关工作见证，检查生产过程的质量控制程序和要求实施情况；

（三）发现问题应当与当事人及时联系、解决，必要时责令停止当事人的工作，将情况向质量安全总监报告；

（四）组织对相关技术人员定期进行教育和培训；

（五）配合检验机构做好大型游乐设施设计文件鉴定、型式试验、监督检验等工作；

（六）接受和配合市场监督管理部门开展的监督检查和事故调查，并如实提供有关材料；

（七）履行市场监督管理部门规定和本单位要求的其

他大型游乐设施质量安全管理职责。

大型游乐设施生产单位应当按照前款规定，结合本单位实际，细化制定《大型游乐设施质量安全员守则》。

**第一百一十七条** 大型游乐设施生产单位应当建立基于大型游乐设施质量安全风险防控的动态管理机制，结合本单位实际，落实自查要求，制定《大型游乐设施质量安全风险管控清单》，建立健全日管控、周排查、月调度工作制度和机制。

**第一百一十八条** 大型游乐设施生产单位应当建立大型游乐设施质量安全日管控制度。质量安全员要每日根据《大型游乐设施质量安全风险管控清单》进行检查，形成《每日大型游乐设施质量安全检查记录》，对发现的质量安全风险隐患，应当立即采取防范措施，及时上报质量安全总监或者单位主要负责人。未发现问题的，也应当予以记录，实行零风险报告。

**第一百一十九条** 大型游乐设施生产单位应当建立大型游乐设施质量安全周排查制度。质量安全总监要每周至少组织一次风险隐患排查，分析研判大型游乐设施质量安全管理情况，研究解决日管控中发现的问题，形成《每周大型游乐设施质量安全排查治理报告》。

**第一百二十条** 大型游乐设施生产单位应当建立大型游乐设施质量安全月调度制度。单位主要负责人要每月至少听取一次质量安全总监管理工作情况汇报，对当月大型游乐设施质量安全日常管理、风险隐患排查治理等情况进行总结，对下个月重点工作作出调度安排，形成《每月大型游乐设施质量安全调度会议纪要》。

**第一百二十一条** 大型游乐设施生产单位应当将主要负责人、质量安全总监和质量安全员的设立、调整情况，《大型游乐设施质量安全风险管控清单》《大型游乐设施质量安全总监职责》《大型游乐设施质量安全员守则》以及质量安全总监、质量安全员提出的意见建议、报告和问题整改落实等履职情况予以记录并存档备查。

**第一百二十二条** 市场监督管理部门应当将大型游乐设施生产单位建立并落实大型游乐设施质量安全责任制等管理制度，在日管控、周排查、月调度中发现的大型游乐设施质量安全风险隐患以及整改情况作为监督检查的重要内容。

**第一百二十三条** 大型游乐设施生产单位应当对质量安全总监和质量安全员进行法律法规、标准和专业知识培训、考核，同时对培训、考核情况予以记录并存档备查。

县级以上地方市场监督管理部门按照国家市场监督管理总局制定的《大型游乐设施质量安全管理人员考核指南》，组织对本辖区内大型游乐设施生产单位的质量安全总监和质量安全员随机进行监督抽查考核并公布考核结果。监督抽查考核不得收取费用。

监督抽查考核不合格，不再符合大型游乐设施生产要求的，生产单位应当立即采取整改措施。

**第一百二十四条** 大型游乐设施生产单位应当为质量安全总监和质量安全员提供必要的工作条件、教育培训和岗位待遇，充分保障其依法履行职责。

鼓励大型游乐设施生产单位建立对质量安全总监和质量安全员的激励约束机制，对工作成效显著的给予表彰和奖励，对履职不到位的予以惩戒。

市场监督管理部门在查处大型游乐设施生产单位违法行为时，应当将大型游乐设施生产单位落实质量安全主体责任情况作为判断其主观过错、违法情节、处罚幅度等考量的重要因素。

大型游乐设施生产单位及其主要负责人无正当理由未采纳质量安全总监和质量安全员依照本规定第一百一十三条提出的意见或者建议的，应当认为质量安全总监和质量安全员已经依法履职尽责，不予处罚。

**第一百二十五条** 大型游乐设施生产单位未按规定建立大型游乐设施质量安全管理制度，或者未按规定配备、培训、考核质量安全总监和质量安全员的，由县级以上地方市场监督管理部门责令改正并给予通报批评；拒不改正的，处五千元以上五万元以下罚款，并将处罚情况纳入国家企业信用信息公示系统。法律、行政法规另有规定的，依照其规定执行。

大型游乐设施生产单位主要负责人、质量安全总监、质量安全员未按规定要求落实质量安全责任的，由县级以上地方市场监督管理部门责令改正并给予通报批评；拒不改正的，对责任人处二千元以上一万元以下罚款。法律、行政法规另有规定的，依照其规定执行。

**第一百二十六条** 本规定下列用语的含义是：

（一）大型游乐设施生产单位主要负责人是指本单位的法定代表人、法定代表委托人或者实际控制人；

（二）质量安全总监是指本单位管理层中负责质量保证系统安全运转的管理人员；

（三）质量安全员是指本单位具体负责质量过程控制的检查人员。

## 第十章　场（厂）内专用机动车辆

**第一百二十七条** 场（厂）内专用机动车辆（以下简称场车）生产单位应当依法配备质量安全总监和质量安全员，明确质量安全总监和质量安全员的岗位职责。

场车生产单位主要负责人对本单位场车质量安全全面负责，建立并落实场车质量安全主体责任的长效机制。质量安全总监和质量安全员应当按照岗位职责，协助单位主要负责人做好场车质量安全管理工作。

**第一百二十八条** 场车生产单位主要负责人应当支持和保障质量安全总监和质量安全员依法开展场车质量

安全管理工作，在作出涉及场车质量安全的重大决策前，应当充分听取质量安全总监和质量安全员的意见和建议。

质量安全总监、质量安全员发现场车产品存在危及安全的缺陷时，应当提出停止相关场车生产等否决建议，场车生产单位应当立即分析研判，采取处置措施，消除风险隐患。对已经出厂的产品发现存在同一性缺陷的，应当依法及时召回，并报当地省级市场监督管理部门。

**第一百二十九条** 质量安全总监和质量安全员应当具备下列场车质量安全管理能力：

（一）熟悉场车生产相关法律法规、安全技术规范、标准和本单位质量保证体系；

（二）质量安全总监不得兼任质量安全员，质量安全员最多只能担任两个不相关的质量控制岗位；

（三）具备识别和防控场车质量安全风险的专业知识；

（四）熟悉本单位场车质量安全相关的设施设备、工艺流程、操作规程等生产过程控制要求；

（五）具有与所负责工作相关的专业教育背景和工作经验，熟悉任职岗位的工作任务和要求；

（六）符合特种设备法律法规和安全技术规范的其他要求。

**第一百三十条** 质量安全总监按照职责要求，直接对本单位主要负责人负责，承担下列职责：

（一）组织贯彻、实施场车有关的法律法规、安全技术规范及相关标准，对质量保证系统的实施负责；

（二）组织制定质量保证手册、程序文件、作业指导书等质量保证体系文件，批准程序文件；

（三）指导和协调、监督检查质量保证体系各质量控制系统的工作；

（四）组织建立并持续维护场车质量安全追溯体系；

（五）组织质量分析、质量审核并协助进行管理评审工作；

（六）实施对不合格品（项）的控制，行使质量安全一票否决权；

（七）建立企业公告板制度，对所生产的场车安全事故事件、质量缺陷和事故隐患等情况，及时予以公示；

（八）组织建立和健全内外部质量信息反馈和处理的信息系统；

（九）向市场监督管理部门如实反映质量安全问题；

（十）组织对质量安全员定期进行教育和培训；

（十一）接受和配合市场监督管理部门开展的监督检查和事故调查，并如实提供有关材料；

（十二）履行市场监督管理部门规定和本单位要求的其他场车质量安全管理职责。

场车生产单位应当按照前款规定，结合本单位实际，细化制定《场车质量安全总监职责》。

**第一百三十一条** 质量安全员按照职责要求，对质量安全总监或者单位主要负责人负责，承担下列职责：

（一）负责审核质量控制程序文件和作业指导书；

（二）按照安全技术规范和质量保证手册要求，审查确认相关工作见证，检查生产过程的质量控制程序和要求实施情况；

（三）发现问题应当与当事人及时联系、解决，必要时责令停止当事人的工作，将情况向质量安全总监报告；

（四）组织对相关技术人员定期进行教育和培训；

（五）配合检验机构做好场车型式试验等工作；

（六）接受和配合市场监督管理部门开展的监督检查和事故调查，并如实提供有关材料；

（七）履行市场监督管理部门规定和本单位要求的其他场车质量安全管理职责。

场车生产单位应当按照前款规定，结合本单位实际，细化制定《场车质量安全员守则》。

**第一百三十二条** 场车生产单位应当建立基于场车质量安全风险防控的动态管理机制，结合本单位实际，落实自查要求，制定《场车质量安全风险管控清单》，建立健全日管控、周排查、月调度工作制度和机制。

**第一百三十三条** 场车生产单位应当建立场车质量安全日管控制度。质量安全员要每日根据《场车质量安全风险管控清单》进行检查，形成《每日场车质量安全检查记录》，对发现的质量安全风险隐患，应当立即采取防范措施，及时上报质量安全总监或者单位主要负责人。未发现问题的，也应当予以记录，实行零风险报告。

**第一百三十四条** 场车生产单位应当建立场车质量安全周排查制度。质量安全总监要每周至少组织一次风险隐患排查，分析研判场车质量安全管理情况，研究解决日管控中发现的问题，形成《每周场车质量安全排查治理报告》。

**第一百三十五条** 场车生产单位应当建立场车质量安全月调度制度。单位主要负责人要每月至少听取一次质量安全总监管理工作情况汇报，对当月场车质量安全日常管理、风险隐患排查治理等情况进行总结，对下个月重点工作作出调度安排，形成《每月场车质量安全调度会议纪要》。

**第一百三十六条** 场车生产单位应当将主要负责人、质量安全总监和质量安全员的设立、调整情况，《场车质量安全风险管控清单》《场车质量安全总监职责》《场车质量安全员守则》以及质量安全总监、质量安全员提出的意见建议、报告和问题整改落实等履职情况予以记录并存档备查。

**第一百三十七条** 市场监督管理部门应当将场车生产单位建立并落实场车质量安全责任制等管理制度，在日管控、周排查、月调度中发现的场车质量安全风险隐患以及整改情况作为监督检查的重要内容。

**第一百三十八条** 场车生产单位应当对质量安全总监和质量安全员进行法律法规、标准和专业知识培训、考核，同时对培训、考核情况予以记录并存档备查。

县级以上地方市场监督管理部门按照国家市场监督管理总局制定的《场车质量安全管理人员考核指南》，组织对本辖区内场车生产单位的质量安全总监和质量安全员随机进行监督抽查考核并公布考核结果。监督抽查考核不得收取费用。

监督抽查考核不合格，不再符合场车生产要求的，生产单位应当立即采取整改措施。

**第一百三十九条** 场车生产单位应当为质量安全总监和质量安全员提供必要的工作条件、教育培训和岗位待遇，充分保障其依法履行职责。

鼓励场车生产单位建立对质量安全总监和质量安全员的激励约束机制，对工作成效显著的给予表彰和奖励，对履职不到位的予以惩戒。

市场监督管理部门在查处场车生产单位违法行为时，应当将场车生产单位落实质量安全主体责任情况作为判断其主观过错、违法情节、处罚幅度等考量的重要因素。

场车生产单位及其主要负责人无正当理由未采纳质量安全总监和质量安全员依照本规定第一百二十八条提出的意见或者建议的，应当认为质量安全总监和质量安全员已经依法履职尽责，不予处罚。

**第一百四十条** 场车生产单位未按规定建立场车质量安全管理制度，或者未按规定配备、培训、考核质量安全总监和质量安全员的，由县级以上地方市场监督管理部门责令改正并给予通报批评；拒不改正的，处五千元以上五万元以下罚款，并将处罚情况纳入国家企业信用信息公示系统。法律、行政法规另有规定的，依照其规定执行。

场车生产单位主要负责人、质量安全总监、质量安全员未按规定要求落实质量安全责任的，由县级以上地方市场监督管理部门责令改正并给予通报批评；拒不改正的，对责任人处二千元以上一万元以下罚款。法律、行政法规另有规定的，依照其规定执行。

**第一百四十一条** 本规定下列用语的含义是：

（一）场车生产单位主要负责人是指本单位的法定代表人、法定代表委托人或者实际控制人；

（二）质量安全总监是指本单位管理层中负责质量保证系统安全运转的管理人员；

（三）质量安全员是指本单位具体负责质量过程控制的检查人员。

## 第十一章 附 则

**第一百四十二条** 本规定自 2023 年 5 月 5 日起施行。

# 特种设备使用单位落实使用安全主体责任监督管理规定

（2023年4月4日国家市场监督管理总局令第74号公布　自2023年5月5日起施行）

## 第一章　总　则

**第一条**　为了督促特种设备使用单位，包括锅炉、压力容器、气瓶、压力管道、电梯、起重机械、客运索道、大型游乐设施、场（厂）内专用机动车辆的使用单位（以下简称使用单位），落实安全主体责任，强化使用单位主要负责人特种设备使用安全责任，规范安全管理人员行为，根据《中华人民共和国特种设备安全法》《特种设备安全监察条例》等法律法规，制定本规定。

**第二条**　特种设备使用单位主要负责人、安全总监、安全员，依法落实特种设备使用安全责任的行为及其监督管理，适用本规定。

房屋建筑工地、市政工程工地用起重机械和场（厂）内专用机动车辆使用安全责任的落实及其监督管理，不适用本规定。

**第三条** 特种设备使用单位应当建立健全使用安全管理制度，落实使用安全责任制，保证特种设备安全运行。

## 第二章 锅 炉

**第四条** 锅炉使用单位应当依法配备锅炉安全总监和锅炉安全员，明确锅炉安全总监和锅炉安全员的岗位职责。

锅炉使用单位主要负责人对本单位锅炉使用安全全面负责，建立并落实锅炉使用安全主体责任的长效机制。锅炉安全总监和锅炉安全员应当按照岗位职责，协助单位主要负责人做好锅炉使用安全管理工作。

**第五条** 锅炉使用单位主要负责人应当支持和保障锅炉安全总监和锅炉安全员依法开展锅炉使用安全管理工作，在作出涉及锅炉安全的重大决策前，应当充分听取锅炉安全总监和锅炉安全员的意见和建议。

锅炉安全员发现锅炉存在一般事故隐患时，应当立即进行处理；发现存在严重事故隐患时，应当立即责令停止使用并向锅炉安全总监报告，锅炉安全总监应当立即组织分析研判，采取处置措施，消除严重事故隐患。

**第六条** 锅炉使用单位应当根据本单位锅炉的数量、用途、使用环境等情况，配备锅炉安全总监和足够数量的锅炉安全员，并逐台明确负责的锅炉安全员。

**第七条** 锅炉安全总监和锅炉安全员应当具备下列锅炉使用安全管理能力：

（一）熟悉锅炉使用相关法律法规、安全技术规范、标准和本单位锅炉安全使用要求；

（二）具备识别和防控锅炉使用安全风险的专业知识；

（三）具备按照相关要求履行岗位职责的能力；

（四）符合特种设备法律法规和安全技术规范的其他要求。

**第八条** 锅炉安全总监按照职责要求，直接对本单位主要负责人负责，承担下列职责：

（一）组织宣传、贯彻锅炉有关的法律法规、安全技术规范及相关标准；

（二）组织制定本单位锅炉使用安全管理制度，督促落实锅炉使用安全责任制，组织开展锅炉安全合规管理；

（三）组织制定锅炉事故应急专项预案并开展应急演练；

（四）落实锅炉安全事故报告义务，采取措施防止事故扩大；

（五）对锅炉安全员进行安全教育和技术培训，监督、指导锅炉安全员做好相关工作；

（六）按照规定组织开展锅炉使用安全风险评价工作，拟定并督促落实锅炉使用安全风险防控措施；

（七）对本单位锅炉使用安全管理工作进行检查，及时向主要负责人报告有关情况，提出改进措施；

（八）接受和配合有关部门开展锅炉安全监督检查、监督检验、定期检验和事故调查等工作，如实提供有关材料；

（九）履行市场监督管理部门规定和本单位要求的其他锅炉使用安全管理职责。

锅炉使用单位应当按照前款规定，结合本单位实际，细化制定《锅炉安全总监职责》。

**第九条** 锅炉安全员按照职责要求，对锅炉安全总监或者单位主要负责人负责，承担下列职责：

（一）建立健全锅炉安全技术档案并办理本单位锅炉使用登记；

（二）组织制定锅炉安全操作规程；

（三）组织对锅炉作业人员和技术人员进行教育和培训；

（四）组织对锅炉进行日常巡检，监督检查锅炉作业人员到岗值守、巡回检查等工作情况，纠正和制止违章作业行为；

（五）编制锅炉定期检验计划，组织实施锅炉燃烧器年度检查，督促落实锅炉定期检验和后续整改等工作；

（六）按照规定报告锅炉事故，参加锅炉事故救援，协助进行事故调查和善后处理；

（七）履行市场监督管理部门规定和本单位要求的其他锅炉使用安全管理职责。

锅炉使用单位应当按照前款规定，结合本单位实际，细化制定《锅炉安全员守则》。

**第十条** 锅炉使用单位应当建立基于锅炉安全风险防控的动态管理机制，结合本单位实际，落实自查要求，制定《锅炉安全风险管控清单》，建立健全日管控、周排查、月调度工作制度和机制。锅炉停（备）用期间，使用单位应当做好锅炉及水处理设备的防腐蚀等停炉保养工作。

**第十一条** 锅炉使用单位应当建立锅炉安全日管控制度。锅炉安全员要每日根据《锅炉安全风险管控清单》，按照相关安全技术规范和本单位安全管理制度的要求，对投入使用的锅炉进行巡检，形成《每日锅炉安全检查记录》，对发现的安全风险隐患，应当立即采取防范措施，及时上报锅炉安全总监或者单位主要负责人。未发现问题的，也应当予以记录，实行零风险报告。

**第十二条** 锅炉使用单位应当建立锅炉安全周排查制度。锅炉安全总监要每周至少组织一次风险隐患排查，分析研判锅炉使用安全管理情况，研究解决日管控中发现的问题，形成《每周锅炉安全排查治理报告》。

**第十三条** 锅炉使用单位应当建立锅炉安全月调度制度。锅炉使用单位主要负责人要每月至少听取一次锅炉安全总监管理工作情况汇报，对当月锅炉安全日常管理、风险隐患排查治理等情况进行总结，对下个月重点工作作出调度安排，形成《每月锅炉安全调度会议纪要》。

**第十四条** 锅炉使用单位应当将主要负责人、锅炉安全总监和锅炉安全员的设立、调整情况，《锅炉安全风险管控清单》《锅炉安全总监职责》《锅炉安全员守则》以及锅炉安全总监、锅炉安全员提出的意见建议、报告和问题整改落实等履职情况予以记录并存档备查。

**第十五条** 市场监督管理部门应当将锅炉使用单位建立并落实锅炉使用安全责任制等管理制度，在日管控、周排查、月调度中发现的锅炉使用安全风险隐患以及整改情况作为监督检查的重要内容。

**第十六条** 锅炉使用单位应当对锅炉安全总监和锅炉安全员进行法律法规、标准和专业知识培训、考核，同时对培训、考核情况予以记录并存档备查。

县级以上地方市场监督管理部门按照国家市场监督管理总局制定的《锅炉使用安全管理人员考核指南》，组织对本辖区内锅炉使用单位的锅炉安全总监和锅炉安全员随机进行监督抽查考核并公布考核结果。监督抽查考核不得收取费用。

监督抽查考核不合格，不再符合锅炉使用要求的，使用单位应当立即采取整改措施。

**第十七条** 锅炉使用单位应当为锅炉安全总监和锅

炉安全员提供必要的工作条件、教育培训和岗位待遇，充分保障其依法履行职责。

鼓励锅炉使用单位建立对锅炉安全总监和锅炉安全员的激励约束机制，对工作成效显著的给予表彰和奖励，对履职不到位的予以惩戒。

市场监督管理部门在查处锅炉使用单位违法行为时，应当将锅炉使用单位落实安全主体责任情况作为判断其主观过错、违法情节、处罚幅度等考量的重要因素。

锅炉使用单位及其主要负责人无正当理由未采纳锅炉安全总监和锅炉安全员依照本规定第五条提出的意见或者建议的，应当认为锅炉安全总监和锅炉安全员已经依法履职尽责，不予处罚。

**第十八条** 锅炉使用单位未按规定建立安全管理制度，或者未按规定配备、培训、考核锅炉安全总监和锅炉安全员的，由县级以上地方市场监督管理部门责令改正并给予通报批评；拒不改正的，处五千元以上五万元以下罚款，并将处罚情况纳入国家企业信用信息公示系统。法律、行政法规另有规定的，依照其规定执行。

锅炉使用单位主要负责人、锅炉安全总监、锅炉安全员未按规定要求落实使用安全责任的，由县级以上地方市场监督管理部门责令改正并给予通报批评；拒不改正的，对责任人处二千元以上一万元以下罚款。法律、行政法规另有规定的，依照其规定执行。

**第十九条** 本规定下列用语的含义是：

（一）锅炉使用单位主要负责人是指本单位的法定代表人、法定代表委托人或者实际控制人；

（二）锅炉安全总监是指本单位管理层中负责锅炉使用安全的管理人员；

（三）锅炉安全员是指本单位具体负责锅炉使用安全的检查人员。

## 第三章 压力容器

**第二十条** 压力容器使用单位应当依法配备压力容器安全总监和压力容器安全员，明确压力容器安全总监和压力容器安全员的岗位职责。

压力容器使用单位主要负责人对本单位压力容器使用安全全面负责，建立并落实压力容器使用安全主体责任的长效机制。压力容器安全总监和压力容器安全员应当按照岗位职责，协助单位主要负责人做好压力容器使用安全管理工作。

**第二十一条** 压力容器使用单位主要负责人应当支持和保障压力容器安全总监和压力容器安全员依法开展压力容器使用安全管理工作，在作出涉及压力容器安全的重大决策前，应当充分听取压力容器安全总监和压力容器安全员的意见和建议。

压力容器安全员发现压力容器存在一般事故隐患时，应当立即进行处理；发现存在严重事故隐患时，应当立即责令停止使用并向压力容器安全总监报告，压力容器安全总监应当立即组织分析研判，采取处置措施，消除严重事故隐患。

**第二十二条** 压力容器使用单位应当根据本单位压力容器的数量、用途、使用环境等情况，配备压力容器安全总监和足够数量的压力容器安全员，并逐台明确负责的压力容器安全员。

**第二十三条** 压力容器安全总监和压力容器安全员应当具备下列压力容器使用安全管理能力：

（一）熟悉压力容器使用相关法律法规、安全技术规范、标准和本单位压力容器安全使用要求；

（二）具备识别和防控压力容器使用安全风险的专业知识；

（三）具备按照相关要求履行岗位职责的能力；

（四）符合特种设备法律法规和安全技术规范的其他要求。

**第二十四条** 压力容器安全总监按照职责要求，直接对本单位主要负责人负责，承担下列职责：

（一）组织宣传、贯彻压力容器有关的法律法规、安全技术规范及相关标准；

（二）组织制定本单位压力容器使用安全管理制度，

督促落实压力容器使用安全责任制，组织开展压力容器安全合规管理；

（三）组织制定压力容器事故应急专项预案并开展应急演练；

（四）落实压力容器安全事故报告义务，采取措施防止事故扩大；

（五）对压力容器安全员进行安全教育和技术培训，监督、指导压力容器安全员做好相关工作；

（六）按照规定组织开展压力容器使用安全风险评价工作，拟定并督促落实压力容器使用安全风险防控措施；

（七）对本单位压力容器使用安全管理工作进行检查，及时向主要负责人报告有关情况，提出改进措施；

（八）接受和配合有关部门开展压力容器安全监督检查、监督检验、定期检验和事故调查等工作，如实提供有关材料；

（九）履行市场监督管理部门规定和本单位要求的其他压力容器使用安全管理职责。

压力容器使用单位应当按照前款规定，结合本单位实际，细化制定《压力容器安全总监职责》。

**第二十五条** 压力容器安全员按照职责要求，对压力容器安全总监或者单位主要负责人负责，承担下列职责：

（一）建立健全压力容器安全技术档案并办理本单位压力容器使用登记；

（二）组织制定压力容器安全操作规程；

（三）组织对压力容器作业人员和技术人员进行教育和培训；

（四）组织对压力容器进行日常巡检，纠正和制止违章作业行为；

（五）编制压力容器定期检验计划，督促落实压力容器定期检验和后续整改等工作；

（六）按照规定报告压力容器事故，参加压力容器事故救援，协助进行事故调查和善后处理；

（七）履行市场监督管理部门规定和本单位要求的其他压力容器使用安全管理职责。

压力容器使用单位应当按照前款规定，结合本单位实际，细化制定《压力容器安全员守则》。

**第二十六条** 压力容器使用单位应当建立基于压力容器安全风险防控的动态管理机制，结合本单位实际，落实自查要求，制定《压力容器安全风险管控清单》，建立健全日管控、周排查、月调度工作制度和机制。

**第二十七条** 压力容器使用单位应当建立压力容器安全日管控制度。压力容器安全员要每日根据《压力容器安全风险管控清单》，按照相关安全技术规范和本单位安全管理制度的要求，对投入使用的压力容器进行巡检，形成《每日压力容器安全检查记录》，对发现的安全风险隐患，应当立即采取防范措施，及时上报压力容器安全总监或者单位主要负责人。未发现问题的，也应当予以记录，实行零风险报告。

**第二十八条** 压力容器使用单位应当建立压力容器安全周排查制度。压力容器安全总监要每周至少组织一次风险隐患排查，分析研判压力容器使用安全管理情况，研究解决日管控中发现的问题，形成《每周压力容器安全排查治理报告》。

**第二十九条** 压力容器使用单位应当建立压力容器安全月调度制度。压力容器使用单位主要负责人要每月至少听取一次压力容器安全总监管理工作情况汇报，对当月压力容器安全日常管理、风险隐患排查治理等情况进行总结，对下个月重点工作作出调度安排，形成《每月压力容器安全调度会议纪要》。

**第三十条** 压力容器使用单位应当将主要负责人、压力容器安全总监和压力容器安全员的设立、调整情况，《压力容器安全风险管控清单》《压力容器安全总监职责》《压力容器安全员守则》以及压力容器安全总监、压力容器安全员提出的意见建议、报告和问题整改落实等履职情况予以记录并存档备查。

**第三十一条** 市场监督管理部门应当将压力容器使用单位建立并落实压力容器使用安全责任制等管理制度，在日管控、周排查、月调度中发现的压力容器使用安全风险隐患以及整改情况作为监督检查的重要内容。

**第三十二条** 压力容器使用单位应当对压力容器安全总监和压力容器安全员进行法律法规、标准和专业知识培训、考核，同时对培训、考核情况予以记录并存档备查。

县级以上地方市场监督管理部门按照国家市场监督管理总局制定的《压力容器使用安全管理人员考核指南》，组织对本辖区内压力容器使用单位的压力容器安全总监和压力容器安全员随机进行监督抽查考核并公布考核结果。监督抽查考核不得收取费用。

监督抽查考核不合格，不再符合压力容器使用要求的，使用单位应当立即采取整改措施。

**第三十三条** 压力容器使用单位应当为压力容器安全总监和压力容器安全员提供必要的工作条件、教育培训和岗位待遇，充分保障其依法履行职责。

鼓励压力容器使用单位建立对压力容器安全总监和压力容器安全员的激励约束机制，对工作成效显著的给予表彰和奖励，对履职不到位的予以惩戒。

市场监督管理部门在查处压力容器使用单位违法行为时，应当将压力容器使用单位落实安全主体责任情况作为判断其主观过错、违法情节、处罚幅度等考量的重要因素。

压力容器使用单位及其主要负责人无正当理由未采纳压力容器安全总监和压力容器安全员依照本规定第二

十一条提出的意见或者建议的，应当认为压力容器安全总监和压力容器安全员已经依法履职尽责，不予处罚。

**第三十四条** 压力容器使用单位未按规定建立安全管理制度，或者未按规定配备、培训、考核压力容器安全总监和压力容器安全员的，由县级以上地方市场监督管理部门责令改正并给予通报批评；拒不改正的，处五千元以上五万元以下罚款，并将处罚情况纳入国家企业信用信息公示系统。法律、行政法规另有规定的，依照其规定执行。

压力容器使用单位主要负责人、压力容器安全总监、压力容器安全员未按规定要求落实使用安全责任的，由县级以上地方市场监督管理部门责令改正并给予通报批评；拒不改正的，对责任人处二千元以上一万元以下罚款。法律、行政法规另有规定的，依照其规定执行。

**第三十五条** 本规定下列用语的含义是：

（一）压力容器使用单位主要负责人是指本单位的法定代表人、法定代表委托人或者实际控制人；

（二）压力容器安全总监是指本单位管理层中负责压力容器使用安全的管理人员；

（三）压力容器安全员是指本单位具体负责压力容器使用安全的检查人员；

（四）压力容器使用单位包括使用压力容器的单位和移动式压力容器充装单位。

## 第四章 气　　瓶

**第三十六条**　气瓶充装单位应当依法配备气瓶安全总监和气瓶安全员，明确气瓶安全总监和气瓶安全员的岗位职责。

气瓶充装单位主要负责人对本单位气瓶充装安全全面负责，建立并落实气瓶充装安全主体责任的长效机制。气瓶安全总监和气瓶安全员应当按照岗位职责，协助单位主要负责人做好气瓶充装安全管理工作。

**第三十七条**　气瓶充装单位主要负责人应当支持和保障气瓶安全总监和气瓶安全员依法开展气瓶充装安全管理工作，在作出涉及气瓶充装安全的重大决策前，应当充分听取气瓶安全总监和气瓶安全员的意见和建议。

气瓶安全员发现气瓶充装存在一般事故隐患时，应当立即进行处理；发现存在严重事故隐患时，应当立即责令停止气瓶充装活动并向气瓶安全总监报告，气瓶安全总监应当立即组织分析研判，采取处置措施，消除严重事故隐患。

**第三十八条**　气瓶充装单位应当根据本单位气瓶的数量、充装介质等情况，配备气瓶安全总监和足够数量的气瓶安全员，并逐个充装工位明确负责的气瓶安全员。

**第三十九条**　气瓶安全总监和气瓶安全员应当具备

下列气瓶充装安全管理能力：

（一）熟悉气瓶充装相关法律法规、安全技术规范、标准和本单位气瓶充装过程控制等安全要求；

（二）具备识别和防控气瓶安全风险的专业知识；

（三）具备按照相关要求履行岗位职责的能力；

（四）符合特种设备法律法规和安全技术规范的其他要求。

**第四十条**　气瓶安全总监按照职责要求，直接对本单位主要负责人负责，承担下列职责：

（一）组织宣传、贯彻气瓶有关的法律法规、安全技术规范及相关标准；

（二）组织制定本单位气瓶充装安全管理制度，督促落实气瓶充装安全责任制，组织开展气瓶安全合规管理；

（三）组织制定气瓶事故应急专项预案并开展应急演练；

（四）落实气瓶安全事故报告义务，采取措施防止事故扩大；

（五）对气瓶安全员进行安全教育和技术培训，监督、指导气瓶安全员做好相关工作；

（六）按照规定组织开展气瓶充装安全风险评价工作，拟定并督促落实气瓶充装安全风险防控措施；

（七）对本单位气瓶充装安全管理工作进行检查，及时向主要负责人报告有关情况，提出改进措施；

（八）接受和配合有关部门开展气瓶安全监督检查、定期检验和事故调查等工作，如实提供有关材料；

（九）组织建立并持续维护气瓶充装质量安全追溯体系；

（十）组织编制安全用气须知或者用气说明书；

（十一）组织实施报废气瓶的去功能化和办理注销使用登记；

（十二）本单位投保气瓶充装安全责任保险的，落实相应的保险管理职责；

（十三）履行市场监督管理部门规定和本单位要求的其他气瓶安全管理职责。

气瓶充装单位应当按照前款规定，结合本单位实际，细化制定《气瓶安全总监职责》。

**第四十一条** 气瓶安全员按照职责要求，对气瓶安全总监或者单位主要负责人负责，承担下列职责：

（一）建立健全气瓶安全技术档案并办理本单位气瓶使用登记；

（二）组织制定气瓶充装安全操作规程；

（三）组织对气瓶作业人员和技术人员进行教育和培训；

（四）对气瓶进行日常巡检，组织实施气瓶充装前、后检查，纠正和制止违章作业行为；

（五）编制气瓶定期检验计划，督促落实气瓶定期检验和后续整改等工作；

（六）按照规定报告气瓶事故，参加气瓶事故救援，协助进行事故调查和善后处理；

（七）落实本单位气瓶充装质量安全追溯体系的各项功能，逐只扫描出厂气瓶追溯标签确保气瓶满足可追溯要求；

（八）负责向用气方宣传用气安全须知或者提供用气说明书；

（九）履行市场监督管理部门规定和本单位要求的其他气瓶安全管理职责。

气瓶充装单位应当按照前款规定，结合本单位实际，细化制定《气瓶安全员守则》。

**第四十二条** 气瓶充装单位应当建立基于气瓶充装安全风险防控的动态管理机制。结合本单位实际，落实自查要求，制定《气瓶充装安全风险管控清单》，建立健全日管控、周排查、月调度工作制度和机制。

**第四十三条** 气瓶充装单位应当建立气瓶充装安全日管控制度。气瓶安全员要每日根据《气瓶充装安全风险管控清单》，按照相关安全技术规范和本单位安全管理制度的要求，对气瓶进行巡检，形成《每日气瓶充装安全检查记录》，对发现的安全风险隐患，应当立即采取防范措施，及时上报气瓶安全总监或者单位主要负责人。未发现问题的，也应当予以记录，实行零风险报告。

**第四十四条** 气瓶充装单位应当建立气瓶充装安全周排查制度。气瓶安全总监要每周至少组织一次风险隐患排查，分析研判气瓶充装安全管理情况，研究解决日管控中发现的问题，形成《每周气瓶充装安全排查治理报告》。

**第四十五条** 气瓶充装单位应当建立气瓶充装安全月调度制度。气瓶充装单位主要负责人要每月至少听取一次气瓶安全总监管理工作情况汇报，对当月气瓶充装安全日常管理、风险隐患排查治理等情况进行总结，对下个月重点工作作出调度安排，形成《每月气瓶充装安全调度会议纪要》。

**第四十六条** 气瓶充装单位应当将主要负责人、气瓶安全总监和气瓶安全员的设立、调整情况，《气瓶充装安全风险管控清单》《气瓶安全总监职责》《气瓶安全员守则》以及气瓶安全总监、气瓶安全员提出的意见建议、报告和问题整改落实等履职情况予以记录并存档备查。

**第四十七条** 市场监督管理部门应当将气瓶充装单位建立并落实气瓶充装安全责任制等管理制度，在日管控、周排查、月调度中发现的气瓶充装安全风险隐患以及整改情况作为监督检查的重要内容。

**第四十八条** 气瓶充装单位应当对气瓶安全总监和气瓶安全员进行法律法规、标准和专业知识培训、考核，同时对培训、考核情况予以记录并存档备查。

县级以上地方市场监督管理部门按照国家市场监督管理总局制定的《气瓶充装安全管理人员考核指南》，组织对本辖区内气瓶充装单位的气瓶安全总监和气瓶安全员随机进行监督抽查考核并公布考核结果。监督抽查考核不得收取费用。

监督抽查考核不合格，不再符合气瓶充装要求的，充装单位应当立即采取整改措施。

**第四十九条** 气瓶充装单位应当为气瓶安全总监和气瓶安全员提供必要的工作条件、教育培训和岗位待遇，充分保障其依法履行职责。

鼓励气瓶充装单位建立对气瓶安全总监和气瓶安全员的激励约束机制，对工作成效显著的给予表彰和奖励，对履职不到位的予以惩戒。

市场监督管理部门在查处气瓶充装单位违法行为时，应当将气瓶充装单位落实安全主体责任情况作为判断其主观过错、违法情节、处罚幅度等考量的重要因素。

气瓶充装单位及其主要负责人无正当理由未采纳气瓶安全总监和气瓶安全员依照本规定第三十七条提出的意见或者建议的，应当认为气瓶安全总监和气瓶安全员已经依法履职尽责，不予处罚。

**第五十条** 气瓶充装单位未按规定建立安全管理制度，或者未按规定配备、培训、考核气瓶安全总监和气瓶安全员的，由县级以上地方市场监督管理部门责令改正并给予通报批评；拒不改正的，处五千元以上五万元以下罚款，并将处罚情况纳入国家企业信用信息公示系统。法律、行政法规另有规定的，依照其规定执行。

气瓶充装单位主要负责人、气瓶安全总监、气瓶安全员未按规定要求落实充装安全责任的，由县级以上地方市场监督管理部门责令改正并给予通报批评；拒不改正的，对责任人处二千元以上一万元以下罚款。法律、行政法规另有规定的，依照其规定执行。

**第五十一条**　本规定下列用语的含义是：

（一）气瓶充装单位主要负责人是指本单位的法定代表人、法定代表委托人或者实际控制人；

（二）气瓶安全总监是指本单位管理层中负责气瓶充装安全的管理人员；

（三）气瓶安全员是指本单位具体负责气瓶充装安全的检查人员；

（四）气瓶使用单位一般是指气瓶充装单位。

## 第五章　压力管道

**第五十二条**　压力管道使用单位应当依法配备压力管道安全总监和压力管道安全员，明确压力管道安全总监和压力管道安全员的岗位职责。

压力管道使用单位主要负责人对本单位压力管道使

用安全全面负责，建立并落实压力管道使用安全主体责任的长效机制。压力管道安全总监和压力管道安全员应当按照岗位职责，协助单位主要负责人做好压力管道使用安全管理工作。

**第五十三条** 压力管道使用单位主要负责人应当支持和保障压力管道安全总监和压力管道安全员依法开展压力管道使用安全管理工作，在作出涉及压力管道安全的重大决策前，应当充分听取压力管道安全总监和压力管道安全员的意见和建议。

压力管道安全员发现压力管道存在一般事故隐患时，应当立即进行处理；发现存在严重事故隐患时，应当立即责令停止使用并向压力管道安全总监报告，压力管道安全总监应当立即组织分析研判，采取处置措施，消除严重事故隐患。

**第五十四条** 压力管道使用单位应当根据本单位压力管道的数量、用途、使用环境等情况，配备压力管道安全总监和足够数量的压力管道安全员，并逐条明确负责的压力管道安全员。

**第五十五条** 压力管道安全总监和压力管道安全员应当具备下列压力管道使用安全管理能力：

（一）熟悉压力管道使用相关法律法规、安全技术规范、标准和本单位压力管道安全使用要求；

（二）具备识别和防控压力管道使用安全风险的专业

知识；

（三）具备按照相关要求履行岗位职责的能力；

（四）符合特种设备法律法规和安全技术规范的其他要求。

**第五十六条** 压力管道安全总监按照职责要求，直接对本单位主要负责人负责，承担下列职责：

（一）组织宣传、贯彻压力管道有关的法律法规、安全技术规范及相关标准；

（二）组织制定本单位压力管道使用安全管理制度，督促落实压力管道使用安全责任制，组织开展压力管道安全合规管理；

（三）组织制定压力管道事故应急专项预案并开展应急演练；

（四）落实压力管道安全事故报告义务，采取措施防止事故扩大；

（五）对压力管道安全员进行安全教育和技术培训，监督、指导压力管道安全员做好相关工作；

（六）按照规定组织开展压力管道使用安全风险评价工作，拟定并督促落实压力管道使用安全风险防控措施；

（七）对本单位压力管道使用安全管理工作进行检查，及时向主要负责人报告有关情况，提出改进措施；

（八）接受和配合有关部门开展压力管道安全监督检查、监督检验、定期检验和事故调查等工作，如实提供有关材料；

（九）履行市场监督管理部门规定和本单位要求的其他压力管道使用安全管理职责。

压力管道使用单位应当按照前款规定，结合本单位实际，细化制定《压力管道安全总监职责》。

**第五十七条** 压力管道安全员按照职责要求，对压力管道安全总监或者单位主要负责人负责，承担下列职责：

（一）建立健全压力管道安全技术档案并办理本单位压力管道使用登记；

（二）组织制定压力管道安全操作规程；

（三）组织对压力管道技术人员进行教育和培训；

（四）组织对压力管道进行日常巡检，纠正和制止违章作业行为；

（五）编制压力管道定期检验计划，督促落实压力管道定期检验和后续整改等工作；

（六）按照规定报告压力管道事故，参加压力管道事故救援，协助进行事故调查和善后处理；

（七）履行市场监督管理部门规定和本单位要求的其他压力管道使用安全管理职责。

压力管道使用单位应当按照前款规定，结合本单位实际，细化制定《压力管道安全员守则》。

**第五十八条** 压力管道使用单位应当建立基于压力管道安全风险防控的动态管理机制，结合本单位实际，落实自查要求，制定《压力管道安全风险管控清单》，建立健全日管控、周排查、月调度工作制度和机制。

**第五十九条** 压力管道使用单位应当建立压力管道安全日管控制度。压力管道安全员要每日根据《压力管道安全风险管控清单》，按照相关安全技术规范和本单位安全管理制度的要求，对投入使用的压力管道进行巡检，形成《每日压力管道安全检查记录》，对发现的安全风险隐患，应当立即采取防范措施，及时上报压力管道安全总监或者单位主要负责人。未发现问题的，也应当予以记录，实行零风险报告。

**第六十条** 压力管道使用单位应当建立压力管道安全周排查制度。压力管道安全总监要每周至少组织一次风险隐患排查，分析研判压力管道使用安全管理情况，研究解决日管控中发现的问题，形成《每周压力管道安全排查治理报告》。

**第六十一条** 压力管道使用单位应当建立压力管道安全月调度制度。压力管道使用单位主要负责人要每月至少听取一次压力管道安全总监管理工作情况汇报，对当月压力管道安全日常管理、风险隐患排查治理等情况进行总结，对下个月重点工作作出调度安排，形成《每月压力管道安全调度会议纪要》。

**第六十二条** 压力管道使用单位应当将主要负责人、压力管道安全总监和压力管道安全员的设立、调整情况，

《压力管道安全风险管控清单》《压力管道安全总监职责》《压力管道安全员守则》以及压力管道安全总监、压力管道安全员提出的意见建议、报告和问题整改落实等履职情况予以记录并存档备查。

**第六十三条** 市场监督管理部门应当将压力管道使用单位建立并落实压力管道使用安全责任制等管理制度，在日管控、周排查、月调度中发现的压力管道使用安全风险隐患以及整改情况作为监督检查的重要内容。

**第六十四条** 压力管道使用单位应当对压力管道安全总监和压力管道安全员进行法律法规、标准和专业知识培训、考核，并同时对培训、考核情况予以记录并存档备查。

县级以上地方市场监督管理部门按照国家市场监督管理总局制定的《压力管道使用安全管理人员考核指南》，组织对本辖区内压力管道使用单位的压力管道安全总监和压力管道安全员随机进行监督抽查考核并公布考核结果。监督抽查考核不得收取费用。

监督抽查考核不合格，不再符合压力管道使用要求的，使用单位应当立即采取整改措施。

**第六十五条** 压力管道使用单位应当为压力管道安全总监和压力管道安全员提供必要的工作条件、教育培训和岗位待遇，充分保障其依法履行职责。

鼓励压力管道使用单位建立对压力管道安全总监和

压力管道安全员的激励约束机制，对工作成效显著的给予表彰和奖励，对履职不到位的予以惩戒。

市场监督管理部门在查处压力管道使用单位违法行为时，应当将压力管道使用单位落实安全主体责任情况作为判断其主观过错、违法情节、处罚幅度等考量的重要因素。

压力管道使用单位及其主要负责人无正当理由未采纳压力管道安全总监和压力管道安全员依照本规定第五十三条提出的意见或者建议的，应当认为压力管道安全总监和压力管道安全员已经依法履职尽责，不予处罚。

**第六十六条** 压力管道使用单位未按规定建立安全管理制度，或者未按规定配备、培训、考核压力管道安全总监和压力管道安全员的，由县级以上地方市场监督管理部门责令改正并给予通报批评；拒不改正的，处五千元以上五万元以下罚款，并将处罚情况纳入国家企业信用信息公示系统。法律、行政法规另有规定的，依照其规定执行。

压力管道使用单位主要负责人、压力管道安全总监、压力管道安全员未按规定要求落实使用安全责任的，由县级以上地方市场监督管理部门责令改正并给予通报批评；拒不改正的，对责任人处二千元以上一万元以下罚款。法律、行政法规另有规定的，依照其规定执行。

**第六十七条** 本规定下列用语的含义是：

（一）压力管道使用单位主要负责人是指本单位的法定代表人、法定代表委托人或者实际控制人；

（二）压力管道安全总监是指本单位管理层中负责压力管道使用安全的管理人员；

（三）压力管道安全员是指本单位具体负责压力管道使用安全的检查人员；

（四）压力管道使用单位是指工业管道使用单位。

## 第六章　电　　梯

**第六十八条**　电梯使用单位对于安装于民用建筑的井道中，利用沿刚性导轨运行的运载装置，进行运送人、货物的机电设备，应当采购和使用符合电梯相关安全技术规范和标准的电梯。

**第六十九条**　电梯使用单位应当依法配备电梯安全总监和电梯安全员，明确电梯安全总监和电梯安全员的岗位职责。

电梯使用单位主要负责人对本单位电梯使用安全全面负责，建立并落实电梯使用安全主体责任的长效机制。电梯安全总监和电梯安全员应当按照岗位职责，协助单位主要负责人做好电梯使用安全管理工作。

**第七十条**　电梯使用单位主要负责人应当支持和保障电梯安全总监和电梯安全员依法开展电梯使用安全管

理工作，在作出涉及电梯安全的重大决策前，应当充分听取电梯安全总监和电梯安全员的意见和建议。

电梯安全员发现电梯存在一般事故隐患时，应当立即采取相应措施或者通知电梯维护保养单位予以消除；发现存在严重事故隐患时，应当立即责令停止使用并向电梯安全总监报告，电梯安全总监应当立即组织分析研判，采取处置措施，消除严重事故隐患。

**第七十一条** 电梯使用单位应当根据本单位电梯的数量、用途、使用环境等情况，配备电梯安全总监和足够数量的电梯安全员，并逐台明确负责的电梯安全员。

**第七十二条** 电梯安全总监和电梯安全员应当具备下列电梯使用安全管理能力：

（一）熟悉电梯使用相关法律法规、安全技术规范、标准和本单位电梯安全使用要求；

（二）具备识别和防控电梯使用安全风险的专业知识；

（三）具备按照相关要求履行岗位职责的能力；

（四）符合特种设备法律法规和安全技术规范的其他要求。

**第七十三条** 电梯安全总监按照职责要求，直接对本单位主要负责人负责，承担下列职责：

（一）组织宣传、贯彻电梯有关的法律法规、安全技术规范及相关标准；

（二）组织制定本单位电梯使用安全管理制度，督促落实电梯使用安全责任制，组织开展电梯安全合规管理；

（三）组织制定电梯事故应急专项预案并开展应急演练；

（四）落实电梯安全事故报告义务，采取措施防止事故扩大；

（五）对电梯安全员进行安全教育和技术培训，监督、指导电梯安全员做好相关工作；

（六）按照规定组织开展电梯使用安全风险评价工作，拟定并督促落实电梯使用安全风险防控措施；

（七）对本单位电梯使用安全管理工作进行检查，及时向主要负责人报告有关情况，提出改进措施；

（八）接受和配合有关部门开展电梯安全监督检查、监督检验、定期检验和事故调查等工作，如实提供有关材料；

（九）本单位投保电梯保险的，落实相应的保险管理职责；

（十）履行市场监督管理部门规定和本单位要求的其他电梯使用安全管理职责。

电梯使用单位应当按照前款规定，结合本单位实际，细化制定《电梯安全总监职责》。

**第七十四条** 电梯安全员按照职责要求，对电梯安全总监或者单位主要负责人负责，承担下列职责：

（一）建立健全电梯安全技术档案并办理本单位电梯

使用登记；

（二）组织制定电梯安全操作规程；

（三）妥善保管电梯专用钥匙和工具；

（四）组织对电梯作业人员和技术人员进行教育和培训；

（五）对电梯进行日常巡检，引导和监督正确使用电梯；

（六）对电梯维护保养过程和结果进行监督确认，配合做好现场安全工作；

（七）确保电梯紧急报警装置正常使用，保持电梯应急救援通道畅通，在发生故障和困人等突发情况时，立即安抚相关人员，并组织救援；

（八）编制电梯自行检测和定期检验计划，督促落实电梯自行检测、定期检验和后续整改等工作；

（九）按照规定报告电梯事故，参加电梯事故救援，协助进行事故调查和善后处理；

（十）履行市场监督管理部门规定和本单位要求的其他电梯使用安全管理职责。

电梯使用单位应当按照前款规定，结合本单位实际，细化制定《电梯安全员守则》。

**第七十五条** 电梯使用单位应当建立基于电梯安全风险防控的动态管理机制，结合本单位实际，落实自查要求，制定《电梯安全风险管控清单》，建立健全日管控、周排查、月调度工作制度和机制。

**第七十六条** 电梯使用单位应当建立电梯安全日管控制度。电梯安全员要每日根据《电梯安全风险管控清单》，按照相关安全技术规范和本单位安全管理制度的要求，对投入使用的电梯进行巡检，形成《每日电梯安全检查记录》，对发现的安全风险隐患，应当立即通知电梯维护保养单位予以整改，及时上报电梯安全总监或者单位主要负责人。未发现问题的，也应当予以记录，实行零风险报告。

**第七十七条** 电梯使用单位应当建立电梯安全周排查制度。电梯安全总监要每周至少组织一次风险隐患排查，分析研判电梯使用安全管理情况，研究解决日管控中发现的问题，形成《每周电梯安全排查治理报告》。

电梯安全总监应当对维护保养过程进行全过程或者抽样监督，并作出记录，发现问题的应当及时处理。

**第七十八条** 电梯使用单位应当建立电梯安全月调度制度。电梯使用单位主要负责人要每月至少听取一次电梯安全总监管理工作情况汇报，对当月电梯安全日常管理、风险隐患排查治理等情况进行总结，对下个月重点工作作出调度安排，形成《每月电梯安全调度会议纪要》。

**第七十九条** 电梯使用单位应当将主要负责人、电梯安全总监和电梯安全员的设立、调整情况，《电梯安全风险管控清单》《电梯安全总监职责》《电梯安全员守则》以及电梯安全总监、电梯安全员提出的意见建议、报告和问题整改落实等履职情况予以记录并存档备查。

**第八十条** 市场监督管理部门应当将电梯使用单位建立并落实电梯使用安全责任制等管理制度，在日管控、周排查、月调度中发现的电梯使用安全风险隐患以及整改情况作为监督检查的重要内容。

**第八十一条** 电梯使用单位应当对电梯安全总监和电梯安全员进行法律法规、标准和专业知识培训、考核，同时对培训、考核情况予以记录并存档备查。

县级以上地方市场监督管理部门按照国家市场监督管理总局制定的《电梯使用安全管理人员考核指南》，组织对本辖区内电梯使用单位的电梯安全总监和电梯安全员随机进行监督抽查考核并公布考核结果。监督抽查考核不得收取费用。

监督抽查考核不合格，不再符合电梯使用要求的，使用单位应当立即采取整改措施。

**第八十二条** 电梯使用单位应当为电梯安全总监和电梯安全员提供必要的工作条件、教育培训和岗位待遇，充分保障其依法履行职责。

鼓励电梯使用单位建立对电梯安全总监和电梯安全员的激励约束机制，对工作成效显著的给予表彰和奖励，对履职不到位的予以惩戒。

市场监督管理部门在查处电梯使用单位违法行为时，

应当将电梯使用单位落实安全主体责任情况作为判断其主观过错、违法情节、处罚幅度等考量的重要因素。

电梯使用单位及其主要负责人无正当理由未采纳电梯安全总监和电梯安全员依照本规定第七十条提出的意见或者建议的，应当认为电梯安全总监和电梯安全员已经依法履职尽责，不予处罚。

**第八十三条** 违反本规定，在民用建筑的井道中安装不属于第六十八条所述电梯的机电设备，进行运送人、货物的，责令停止使用，限期予以拆除或者重新安装符合要求的电梯。逾期未改正的，由县级以上地方市场监督管理部门依据《中华人民共和国特种设备安全法》第八十四条予以处罚。

**第八十四条** 电梯使用单位未按规定建立安全管理制度，或者未按规定配备、培训、考核电梯安全总监和电梯安全员的，由县级以上地方市场监督管理部门责令改正并给予通报批评；拒不改正的，处五千元以上五万元以下罚款，并将处罚情况纳入国家企业信用信息公示系统。法律、行政法规另有规定的，依照其规定执行。

电梯使用单位主要负责人、电梯安全总监、电梯安全员未按规定要求落实使用安全责任的，由县级以上地方市场监督管理部门责令改正并给予通报批评；拒不改正的，对责任人处二千元以上一万元以下罚款。法律、行政法规另有规定的，依照其规定执行。

**第八十五条** 电梯使用单位是指实际行使电梯使用管理权的单位。符合下列情形之一的为电梯使用单位：

（一）新安装未移交所有权人的，项目建设单位是使用单位；

（二）单一产权且自行管理的，电梯所有权人是使用单位；

（三）委托物业服务企业等市场主体管理的，受委托方是使用单位；

（四）出租房屋内安装的电梯或者出租电梯的，出租单位是使用单位，法律另有规定或者当事人另有约定的，从其规定或者约定；

（五）属于共有产权的，共有人须委托物业服务企业、维护保养单位或者专业公司等市场主体管理电梯，受委托方是使用单位。

除上述情形之外无法确定使用单位的，由电梯所在地乡镇人民政府、街道办事处协调确定使用单位，或者由电梯所在地乡镇人民政府、街道办事处承担使用单位责任。

**第八十六条** 本规定下列用语的含义是：

（一）电梯使用单位主要负责人是指本单位的法定代表人、法定代表委托人或者实际控制人；

（二）电梯安全总监是指本单位管理层中负责电梯使用安全的管理人员；

（三）电梯安全员是指本单位具体负责电梯使用安全的检查人员。

## 第七章　起重机械

**第八十七条**　起重机械使用单位应当依法配备起重机械安全总监和起重机械安全员，明确起重机械安全总监和起重机械安全员的岗位职责。

起重机械使用单位主要负责人对本单位起重机械使用安全全面负责，建立并落实起重机械使用安全主体责任的长效机制。起重机械安全总监和起重机械安全员应当按照岗位职责，协助单位主要负责人做好起重机械使用安全管理工作。

**第八十八条**　起重机械使用单位主要负责人应当支持和保障起重机械安全总监和起重机械安全员依法开展起重机械使用安全管理工作，在作出涉及起重机械安全的重大决策前，应当充分听取起重机械安全总监和起重机械安全员的意见和建议。

起重机械安全员发现起重机械存在一般事故隐患时，应当立即进行处理；发现存在严重事故隐患时，应当立即责令停止使用并向起重机械安全总监报告，起重机械安全总监应当立即组织分析研判，采取处置措施，消除严重事故隐患。

**第八十九条** 起重机械使用单位应当根据本单位起重机械的数量、用途、使用环境等情况，配备起重机械安全总监和足够数量的起重机械安全员，并逐台明确负责的起重机械安全员。

**第九十条** 起重机械安全总监和起重机械安全员应当具备下列起重机械使用安全管理能力：

（一）熟悉起重机械使用相关法律法规、安全技术规范、标准和本单位起重机械安全使用要求；

（二）具备识别和防控起重机械使用安全风险的专业知识；

（三）具备按照相关要求履行岗位职责的能力；

（四）符合特种设备法律法规和安全技术规范的其他要求。

**第九十一条** 起重机械安全总监按照职责要求，直接对本单位主要负责人负责，承担下列职责：

（一）组织宣传、贯彻起重机械有关的法律法规、安全技术规范及相关标准；

（二）组织制定本单位起重机械使用安全管理制度，督促落实起重机械使用安全责任制，组织开展起重机械安全合规管理；

（三）组织制定起重机械事故应急专项预案并开展应急演练；

（四）落实起重机械安全事故报告义务，采取措施防止事故扩大；

（五）对起重机械安全员进行安全教育和技术培训，监督、指导起重机械安全员做好相关工作；

（六）按照规定组织开展起重机械使用安全风险评价工作，拟定并督促落实起重机械使用安全风险防控措施；

（七）对本单位起重机械使用安全管理工作进行检查，及时向主要负责人报告有关情况，提出改进措施；

（八）接受和配合有关部门开展起重机械安全监督检查、监督检验、定期检验和事故调查等工作，如实提供有关材料；

（九）履行市场监督管理部门规定和本单位要求的其他起重机械使用安全管理职责。

起重机械使用单位应当按照前款规定，结合本单位实际，细化制定《起重机械安全总监职责》。

**第九十二条** 起重机械安全员按照职责要求，对起重机械安全总监或者单位主要负责人负责，承担下列职责：

（一）建立健全起重机械安全技术档案并办理本单位起重机械使用登记；

（二）组织制定起重机械安全操作规程；

（三）组织对起重机械作业人员进行教育和培训，指导和监督作业人员正确使用起重机械；

（四）对起重机械进行日常巡检，纠正和制止违章作业行为；

（五）编制起重机械定期检验计划，督促落实起重机械定期检验和后续整改等工作；

（六）按照规定报告起重机械事故，参加起重机械事故救援，协助进行事故调查和善后处理；

（七）履行市场监督管理部门规定和本单位要求的其他起重机械使用安全管理职责。

起重机械使用单位应当按照前款规定，结合本单位实际，细化制定《起重机械安全员守则》。

**第九十三条** 起重机械使用单位应当建立基于起重机械安全风险防控的动态管理机制，结合本单位实际，落实自查要求，制定《起重机械安全风险管控清单》，建立健全日管控、周排查、月调度工作制度和机制。

**第九十四条** 起重机械使用单位应当建立起重机械安全日管控制度。起重机械安全员要每日根据《起重机械安全风险管控清单》，按照相关安全技术规范和本单位安全管理制度的要求，对投入使用的起重机械进行巡检，形成《每日起重机械安全检查记录》，对发现的安全风险隐患，应当立即采取防范措施，及时上报起重机械安全总监或者单位主要负责人。未发现问题的，也应当予以记录，实行零风险报告。

**第九十五条** 起重机械使用单位应当建立起重机械安全周排查制度。起重机械安全总监要每周至少组织一次风险隐患排查，分析研判起重机械使用安全管理情况，研究解决日管控中发现的问题，形成《每周起重机械安全排查治理报告》。

**第九十六条** 起重机械使用单位应当建立起重机械安全月调度制度。起重机械使用单位主要负责人要每月至少听取一次起重机械安全总监管理工作情况汇报，对当月起重机械安全日常管理、风险隐患排查治理等情况进行总结，对下个月重点工作作出调度安排，形成《每月起重机械安全调度会议纪要》。

**第九十七条** 起重机械使用单位应当将主要负责人、起重机械安全总监和起重机械安全员的设立、调整情况，《起重机械安全风险管控清单》《起重机械安全总监职责》《起重机械安全员守则》以及起重机械安全总监、起重机械安全员提出的意见建议、报告和问题整改落实等履职情况予以记录并存档备查。

**第九十八条** 市场监督管理部门应当将起重机械使用单位建立并落实起重机械使用安全责任制等管理制度，在日管控、周排查、月调度中发现的起重机械使用安全风险隐患以及整改情况作为监督检查的重要内容。

**第九十九条** 起重机械使用单位应当对起重机械安全总监和起重机械安全员进行法律法规、标准和专业知识培训、考核，同时对培训、考核情况予以记录并存档备查。

县级以上地方市场监督管理部门按照国家市场监督

管理总局制定的《起重机械使用安全管理人员考核指南》，组织对本辖区内起重机械使用单位的起重机械安全总监和起重机械安全员随机进行监督抽查考核并公布考核结果。监督抽查考核不得收取费用。

监督抽查考核不合格，不再符合起重机械使用要求的，使用单位应当立即采取整改措施。

**第一百条** 起重机械使用单位应当为起重机械安全总监和起重机械安全员提供必要的工作条件、教育培训和岗位待遇，充分保障其依法履行职责。

鼓励起重机械使用单位建立对起重机械安全总监和起重机械安全员的激励约束机制，对工作成效显著的给予表彰和奖励，对履职不到位的予以惩戒。

市场监督管理部门在查处起重机械使用单位违法行为时，应当将起重机械使用单位落实安全主体责任情况作为判断其主观过错、违法情节、处罚幅度等考量的重要因素。

起重机械使用单位及其主要负责人无正当理由未采纳起重机械安全总监和起重机械安全员依照本规定第八十八条提出的意见或者建议的，应当认为起重机械安全总监和起重机械安全员已经依法履职尽责，不予处罚。

**第一百零一条** 起重机械使用单位未按规定建立安全管理制度，或者未按规定配备、培训、考核起重机械安全总监和起重机械安全员的，由县级以上地方市场监督管理部门责令改正并给予通报批评；拒不改正的，处五千元以上五万元以下罚款，并将处罚情况纳入国家企业信用信息公示系统。法律、行政法规另有规定的，依照其规定执行。

起重机械使用单位主要负责人、起重机械安全总监、起重机械安全员未按规定要求落实使用安全责任的，由县级以上地方市场监督管理部门责令改正并给予通报批评；拒不改正的，对责任人处二千元以上一万元以下罚款。法律、行政法规另有规定的，依照其规定执行。

**第一百零二条** 本规定下列用语的含义是：

（一）起重机械使用单位主要负责人是指本单位的法定代表人、法定代表委托人或者实际控制人；

（二）起重机械安全总监是指本单位管理层中负责起重机械使用安全的管理人员；

（三）起重机械安全员是指本单位具体负责起重机械使用安全的检查人员。

## 第八章 客运索道

**第一百零三条** 客运索道使用单位应当依法配备客运索道安全总监和客运索道安全员，明确客运索道安全总监和客运索道安全员的岗位职责。

客运索道使用单位主要负责人对本单位客运索道使

用安全全面负责，建立并落实客运索道使用安全主体责任的长效机制。客运索道安全总监和客运索道安全员应当按照岗位职责，协助单位主要负责人做好客运索道使用安全管理工作。

**第一百零四条** 客运索道使用单位主要负责人应当支持和保障客运索道安全总监和客运索道安全员依法开展客运索道使用安全管理工作，在作出涉及客运索道安全的重大决策前，应当充分听取客运索道安全总监和客运索道安全员的意见和建议。

客运索道安全员发现客运索道存在一般事故隐患时，应当立即进行处理；发现存在严重事故隐患时，应当立即责令停止使用并向客运索道安全总监报告，客运索道安全总监应当立即组织分析研判，采取处置措施，消除严重事故隐患。

**第一百零五条** 客运索道使用单位应当根据本单位客运索道的数量、用途、使用环境等情况，配备客运索道安全总监和足够数量的客运索道安全员，并逐条明确负责的客运索道安全员。

**第一百零六条** 客运索道安全总监和客运索道安全员应当具备下列客运索道使用安全管理能力：

（一）熟悉客运索道使用相关法律法规、安全技术规范、标准和本单位客运索道安全使用要求；

（二）具备识别和防控客运索道使用安全风险的专业

知识；

（三）具备按照相关要求履行岗位职责的能力；

（四）符合特种设备法律法规和安全技术规范的其他要求。

**第一百零七条** 客运索道安全总监按照职责要求，直接对本单位主要负责人负责，承担下列职责：

（一）组织宣传、贯彻客运索道有关的法律法规、安全技术规范及相关标准；

（二）组织制定本单位客运索道使用安全管理制度，督促落实客运索道使用安全责任制，组织开展索道安全合规管理；

（三）组织制定客运索道事故应急专项预案并开展应急演练；

（四）落实客运索道安全事故报告义务，采取措施防止事故扩大；

（五）对客运索道安全员进行安全教育和技术培训，监督、指导客运索道安全员做好相关工作；

（六）按照规定组织开展客运索道使用安全风险评价工作，拟定并督促落实客运索道使用安全风险防控措施；

（七）对本单位客运索道使用安全管理工作进行检查，及时向主要负责人报告有关情况，提出改进措施；

（八）接受和配合有关部门开展客运索道安全监督检查、监督检验、定期检验和事故调查等工作，如实提供有关材料；

（九）本单位投保客运索道保险的，落实相应的保险管理职责；

（十）履行市场监督管理部门规定和本单位要求的其他客运索道使用安全管理职责。

客运索道使用单位应当按照前款规定，结合本单位实际，细化制定《客运索道安全总监职责》。

**第一百零八条** 客运索道安全员按照职责要求，对客运索道安全总监或者单位主要负责人负责，承担下列职责：

（一）建立健全客运索道安全技术档案并办理本单位客运索道使用登记；

（二）组织制定客运索道安全操作规程；

（三）组织对客运索道作业人员和技术人员进行教育和培训；

（四）组织对客运索道进行日常巡检，纠正和制止违章作业行为；

（五）编制客运索道定期检验计划，督促落实客运索道定期检验和后续整改等工作；

（六）按照规定报告客运索道事故，参加客运索道事故救援，协助进行事故调查和善后处理；

（七）履行市场监督管理部门规定和本单位要求的其他客运索道使用安全管理职责。

客运索道使用单位应当按照前款规定，结合本单位实际，细化制定《客运索道安全员守则》。

**第一百零九条** 客运索道使用本单位应当建立基于客运索道安全风险防控的动态管理机制，结合本单位实际，落实自查要求，制定《客运索道安全风险管控清单》，建立健全日管控、周排查、月调度工作制度和机制。

**第一百一十条** 客运索道使用单位应当建立客运索道安全日管控制度。客运索道安全员要组织在客运索道每日投入使用前，根据《客运索道安全风险管控清单》，按照相关安全技术规范和本单位安全管理制度的要求，进行试运行和例行安全检查，形成《每日客运索道安全检查记录》。对发现的安全风险隐患，应当立即采取防范措施，及时上报客运索道安全总监或者单位主要负责人。未发现问题的，也应当予以记录，实行零风险报告。

**第一百一十一条** 客运索道使用单位应当建立客运索道安全周排查制度。客运索道安全总监要每周至少组织一次风险隐患排查，分析研判客运索道使用安全管理情况，研究解决日管控中发现的问题，形成《每周客运索道安全排查治理报告》。

**第一百一十二条** 客运索道使用单位应当建立客运索道安全月调度制度。客运索道使用单位主要负责人要每月至少听取一次客运索道安全总监管理工作情况汇报，对当月客运索道安全日常管理、风险隐患排查治理等情况进行总结，对下个月重点工作作出调度安排，形成《每月客运索道安全调度会议纪要》。

**第一百一十三条** 客运索道使用单位应当将主要负责人、客运索道安全总监和客运索道安全员的设立、调整情况，《客运索道安全风险管控清单》《客运索道安全总监职责》《客运索道安全员守则》以及客运索道安全总监、客运索道安全员提出的意见建议、报告和问题整改落实等履职情况予以记录并存档备查。

**第一百一十四条** 市场监督管理部门应当将客运索道使用单位建立并落实客运索道使用安全责任制等管理制度，在日管控、周排查、月调度中发现的客运索道使用安全风险隐患以及整改情况作为监督检查的重要内容。

**第一百一十五条** 客运索道使用单位应当对客运索道安全总监和客运索道安全员进行法律法规、标准和专业知识培训、考核，同时对培训、考核情况予以记录并存档备查。

县级以上地方市场监督管理部门按照国家市场监督管理总局制定的《客运索道使用安全管理人员考核指南》，组织对本辖区内客运索道使用单位的客运索道安全总监和客运索道安全员随机进行监督抽查考核并公布考核结果。监督抽查考核不得收取费用。

监督抽查考核不合格，不再符合客运索道使用要求的，使用单位应当立即采取整改措施。

**第一百一十六条** 客运索道使用单位应当为客运索道安全总监和客运索道安全员提供必要的工作条件、教育培训和岗位待遇，充分保障其依法履行职责。

鼓励客运索道使用单位建立对客运索道安全总监和客运索道安全员的激励约束机制，对工作成效显著的给予表彰和奖励，对履职不到位的予以惩戒。

市场监督管理部门在查处客运索道使用单位违法行为时，应当将客运索道使用单位落实安全主体责任情况作为判断其主观过错、违法情节、处罚幅度等考量的重要因素。

客运索道使用单位及其主要负责人无正当理由未采纳客运索道安全总监和客运索道安全员依照本规定第一百零四条提出的意见或者建议的，应当认为客运索道安全总监和客运索道安全员已经依法履职尽责，不予处罚。

**第一百一十七条** 客运索道使用单位未按规定建立安全管理制度，或者未按规定配备、培训、考核客运索道安全总监和客运索道安全员的，由县级以上地方市场监督管理部门责令改正并给予通报批评；拒不改正的，处五千元以上五万元以下罚款，并将处罚情况纳入国家企业信用信息公示系统。法律、行政法规另有规定的，依照其规定执行。

客运索道使用单位主要负责人、客运索道安全总监、客运索道安全员未按规定要求落实使用安全责任的，由县级以上地方市场监督管理部门责令改正并给予通报批评；拒不改正的，对责任人处二千元以上一万元以下罚款。法律、行政法规另有规定的，依照其规定执行。

**第一百一十八条** 本规定下列用语的含义是：

（一）客运索道使用单位主要负责人是指本单位的法定代表人、法定代表委托人或者实际控制人；

（二）客运索道安全总监是指本单位管理层中负责客运索道使用安全的管理人员；

（三）客运索道安全员是指本单位具体负责客运索道使用安全的检查人员。

## 第九章 大型游乐设施

**第一百一十九条** 大型游乐设施使用单位应当依法配备大型游乐设施安全总监和大型游乐设施安全员，明确大型游乐设施安全总监和大型游乐设施安全员的岗位职责。

大型游乐设施使用单位主要负责人对本单位大型游乐设施使用安全全面负责，建立并落实大型游乐设施使用安全主体责任的长效机制。大型游乐设施安全总监和大型游乐设施安全员应当按照岗位职责，协助单位主要负责人做好大型游乐设施使用安全管理工作。

**第一百二十条** 大型游乐设施使用单位主要负责人

应当支持和保障大型游乐设施安全总监和大型游乐设施安全员依法开展大型游乐设施使用安全管理工作，在作出涉及大型游乐设施安全的重大决策前，应当充分听取大型游乐设施安全总监和大型游乐设施安全员的意见和建议。

大型游乐设施安全员发现大型游乐设施存在一般事故隐患时，应当立即进行处理；发现存在严重事故隐患时，应当立即责令停止使用并向大型游乐设施安全总监报告，大型游乐设施安全总监应当立即组织分析研判，采取处置措施，消除严重事故隐患。

**第一百二十一条** 大型游乐设施使用单位应当根据本单位大型游乐设施的数量、用途、使用环境等情况，配备大型游乐设施安全总监和足够数量的大型游乐设施安全员，并逐台明确负责的大型游乐设施安全员。

**第一百二十二条** 大型游乐设施安全总监和大型游乐设施安全员应当具备下列大型游乐设施使用安全管理能力：

（一）熟悉大型游乐设施使用相关法律法规、安全技术规范、标准和本单位大型游乐设施安全使用要求；

（二）具备识别和防控大型游乐设施使用安全风险的专业知识；

（三）具备按照相关要求履行岗位职责的能力；

（四）符合特种设备法律法规和安全技术规范的其他

要求。

**第一百二十三条** 大型游乐设施安全总监按照职责要求，直接对本单位主要负责人负责，承担下列职责：

（一）组织宣传、贯彻大型游乐设施有关的法律法规、安全技术规范及相关标准；

（二）组织制定本单位大型游乐设施使用安全管理制度，督促落实大型游乐设施使用安全责任制，组织开展大型游乐设施安全合规管理；

（三）组织制定大型游乐设施事故应急专项预案并开展应急演练；

（四）落实大型游乐设施安全事故报告义务，采取措施防止事故扩大；

（五）对大型游乐设施安全员进行安全教育和技术培训，监督、指导大型游乐设施安全员做好相关工作；

（六）按照规定组织开展大型游乐设施使用安全风险评价工作，拟定并督促落实大型游乐设施使用安全风险防控措施；

（七）对本单位大型游乐设施使用安全管理工作进行检查，及时向主要负责人报告有关情况，提出改进措施；

（八）接受和配合有关部门开展大型游乐设施安全监督检查、监督检验、定期检验和事故调查等工作，如实提供有关材料；

（九）履行市场监督管理部门规定和本单位要求的其

他大型游乐设施使用安全管理职责。

大型游乐设施使用单位应当按照前款规定，结合本单位实际，细化制定《大型游乐设施安全总监职责》。

**第一百二十四条** 大型游乐设施安全员按照职责要求，对大型游乐设施安全总监或者单位主要负责人负责，承担下列职责：

（一）建立健全大型游乐设施安全技术档案并办理本单位大型游乐设施使用登记；

（二）组织制定各类大型游乐设施安全操作规程；

（三）组织对大型游乐设施作业人员和技术人员进行教育和培训；

（四）组织对大型游乐设施进行日常检查，纠正和制止违章作业行为；

（五）编制大型游乐设施定期检验计划，督促落实大型游乐设施定期检验和后续整改等工作；

（六）按照规定报告大型游乐设施事故，参加大型游乐设施事故救援，协助进行事故调查和善后处理；

（七）履行市场监督管理部门规定和本单位要求的其他大型游乐设施使用安全管理责任。

大型游乐设施使用单位应当按照前款规定，结合本单位实际，细化制定《大型游乐设施安全员守则》。

**第一百二十五条** 大型游乐设施使用单位应当建立基于大型游乐设施安全风险防控的动态管理机制，结合本单位实际，落实自查要求，制定《大型游乐设施安全风险管控清单》，建立健全日管控、周排查、月调度工作制度和机制。

**第一百二十六条** 大型游乐设施使用单位应当建立安全日管控制度。大型游乐设施安全员要组织在大型游乐设施每日投入使用前，根据《大型游乐设施安全风险管控清单》，按照相关安全技术规范和本单位安全管理制度的要求，进行试运行和例行安全检查，形成《每日大型游乐设施安全检查记录》。对发现的安全风险隐患，应当立即采取防范措施，及时上报大型游乐设施安全总监或者单位主要负责人。未发现问题的，也应当予以记录，实行零风险报告。

**第一百二十七条** 大型游乐设施使用单位应当建立大型游乐设施安全周排查制度。大型游乐设施安全总监要每周至少组织一次风险隐患排查，分析研判大型游乐设施使用安全管理情况，研究解决日管控中发现的问题，形成《每周大型游乐设施安全排查治理报告》。

**第一百二十八条** 大型游乐设施使用单位应当建立大型游乐设施使用安全管理月调度制度。大型游乐设施使用单位主要负责人要每月至少听取一次大型游乐设施安全总监管理工作情况汇报，对当月大型游乐设施安全日常管理、风险隐患排查治理等情况进行总结，对下个月重点工作作出调度安排，形成《每月大型游乐设施安全调度会议纪要》。

**第一百二十九条** 大型游乐设施使用单位应当将主要负责人、大型游乐设施安全总监和大型游乐设施安全员的设立、调整情况，《大型游乐设施安全风险管控清单》《大型游乐设施安全总监职责》《大型游乐设施安全员守则》以及大型游乐设施安全总监、大型游乐设施安全员提出的意见建议、报告和问题整改落实等履职情况予以记录并存档备查。

**第一百三十条** 市场监督管理部门应当将大型游乐设施使用单位建立并落实大型游乐设施使用安全责任制等管理制度，在日管控、周排查、月调度中发现的大型游乐设施使用安全风险隐患以及整改情况作为监督检查的重要内容。

**第一百三十一条** 大型游乐设施使用单位应当对大型游乐设施安全总监和大型游乐设施安全员进行法律法规、标准和专业知识培训、考核，同时对培训、考核情况予以记录并存档备查。

县级以上地方市场监督管理部门按照国家市场监督管理总局制定的《大型游乐设施使用安全管理人员考核指南》，组织对本辖区内大型游乐设施使用单位的大型游乐设施安全总监和大型游乐设施安全员随机进行监督抽查考核并公布考核结果。监督抽查考核不得收取费用。

监督抽查考核不合格，不再符合大型游乐设施使用要求的，使用单位应当立即采取整改措施。

**第一百三十二条** 大型游乐设施使用单位应当为大型游乐设施安全总监和大型游乐设施安全员提供必要的工作条件、教育培训和岗位待遇，充分保障其依法履行职责。

鼓励大型游乐设施使用单位建立对大型游乐设施安全总监和大型游乐设施安全员的激励约束机制，对工作成效显著的给予表彰和奖励，对履职不到位的予以惩戒。

市场监督管理部门在查处大型游乐设施使用单位违法行为时，应当将大型游乐设施使用单位落实安全主体责任情况作为判断其主观过错、违法情节、处罚幅度等考量的重要因素。

大型游乐设施使用单位及其主要负责人无正当理由未采纳大型游乐设施安全总监和大型游乐设施安全员依照本规定第一百二十条提出的意见或者建议的，应当认为大型游乐设施安全总监和大型游乐设施安全员已经依法履职尽责，不予处罚。

**第一百三十三条** 大型游乐设施使用单位未按规定建立安全管理制度，或者未按规定配备、培训、考核大型游乐设施安全总监和大型游乐设施安全员的，由县级以上地方市场监督管理部门责令改正并给予通报批评；拒不改正的，处五千元以上五万元以下罚款，并将处罚情况纳入国家企业信用信息公示系统。法律、行政法规另有规定的，依照其规定执行。

大型游乐设施使用单位主要负责人、大型游乐设施安全总监、大型游乐设施安全员未按规定要求落实使用安全责任的，由县级以上地方市场监督管理部门责令改正并给予通报批评；拒不改正的，对责任人处二千元以上一万元以下罚款。法律、行政法规另有规定的，依照其规定执行。

**第一百三十四条** 本规定下列用语的含义是：

（一）大型游乐设施使用单位主要负责人是指本单位的法定代表人、法定代表委托人或者实际控制人；

（二）大型游乐设施安全总监是指本单位管理层中负责大型游乐设施使用安全的管理人员；

（三）大型游乐设施安全员是指本单位具体负责大型游乐设施使用安全的检查人员。

## 第十章 场（厂）内专用机动车辆

**第一百三十五条** 场（厂）内专用机动车辆（以下简称场车）使用单位应当依法配备场车安全总监和场车安全员，明确场车安全总监和场车安全员的岗位职责。

场车使用单位主要负责人对本单位场车使用安全全面负责，建立并落实场车使用安全主体责任的长效机制。场车安全总监和场车安全员应当按照岗位职责，协助单位主要负责人做好场车使用安全管理工作。

**第一百三十六条** 场车使用单位主要负责人应当支持和保障场车安全总监和场车安全员依法开展场车使用安全管理工作，在作出涉及场车安全的重大决策前，应当充分听取场车安全总监和场车安全员的意见和建议。

场车安全员发现场车存在一般事故隐患时，应当立即进行处理；发现存在严重事故隐患时，应当立即责令停止使用并向场车安全总监报告，场车安全总监应当立即组织分析研判，采取处置措施，消除严重事故隐患。

**第一百三十七条** 场车使用单位应当根据本单位场车的数量、用途、使用环境等情况，配备场车安全总监和足够数量的场车安全员，并逐台明确负责的场车安全员。

**第一百三十八条** 场车安全总监和场车安全员应当具备下列场车使用安全管理能力：

（一）熟悉场车使用相关法律法规、安全技术规范、标准和本单位场车安全使用要求；

（二）具备识别和防控场车使用安全风险的专业知识；

（三）具备按照相关要求履行岗位职责的能力；

（四）符合特种设备法律法规和安全技术规范的其他要求。

**第一百三十九条** 场车安全总监按照职责要求，直接对本单位主要负责人负责，承担下列职责：

（一）组织宣传、贯彻场车有关的法律法规、安全技术规范及相关标准；

（二）组织制定本单位场车使用安全管理制度，督促落实场车使用安全责任制，组织开展场车安全合规管理；

（三）组织制定场车事故应急专项预案并开展应急演练；

（四）落实场车安全事故报告义务，采取措施防止事故扩大；

（五）对场车安全员进行安全教育和技术培训，监督、指导场车安全员做好相关工作；

（六）按照规定组织开展场车使用安全风险评价工作，拟定并督促落实场车使用安全风险防控措施；

（七）对本单位场车使用安全管理工作进行检查，及时向主要负责人报告有关情况，提出改进措施；

（八）接受和配合有关部门开展场车安全监督检查、定期检验和事故调查等工作，如实提供有关材料；

（九）履行市场监督管理部门规定和本单位要求的其他场车使用安全管理职责。

场车使用单位应当按照前款规定，结合本单位实际，细化制定《场车安全总监职责》。

**第一百四十条** 场车安全员按照职责要求，对场车安全总监或者单位主要负责人负责，承担下列职责：

（一）建立健全场车安全技术档案，并办理本单位场车使用登记；

（二）组织制定场车安全操作规程；

（三）组织对场车作业人员进行教育和培训，指导和监督作业人员正确使用场车；

（四）对场车和作业区域进行日常巡检，纠正和制止违章作业行为；

（五）编制场车定期检验计划，督促落实场车定期检验和后续整改等工作；

（六）按照规定报告场车事故，参加场车事故救援，协助进行事故调查和善后处理；

（七）履行市场监督管理部门规定和本单位要求的其他场车使用安全管理职责。

场车使用单位应当按照前款规定，结合本单位实际，细化制定《场车安全员守则》。

**第一百四十一条** 场车使用单位应当建立基于场车安全风险防控的动态管理机制，结合本单位实际，落实自查要求，制定《场车安全风险管控清单》，建立健全日管控、周排查、月调度工作制度和机制。

**第一百四十二条** 场车使用单位应当建立场车安全日管控制度。

场车安全员要每日根据《场车安全风险管控清单》，按照相关安全技术规范和本单位安全管理制度的要求，对投入使用的场车和作业区域进行巡检，形成《每日场车安全检查记录》，对发现的安全风险隐患，应当立即采取防范措施，及时上报场车安全总监或者单位主要负责人。未发现问题的，也应当予以记录，实行零风险报告。

**第一百四十三条** 场车使用单位应当建立场车安全周排查制度。场车安全总监要每周至少组织一次风险隐患排查，分析研判场车使用安全管理情况，研究解决日管控中发现的问题，形成《每周场车安全排查治理报告》。

**第一百四十四条** 场车使用单位应当建立场车安全月调度制度。场车使用单位主要负责人要每月至少听取一次场车安全总监管理工作情况汇报，对当月场车安全日常管理、风险隐患排查治理等情况进行总结，对下个月重点工作作出调度安排，形成《每月场车安全调度会议纪要》。

**第一百四十五条** 场车使用单位应当将主要负责人、场车安全总监和场车安全员的设立、调整情况，《场车安全风险管控清单》《场车安全总监职责》《场车安全员守则》以及场车安全总监、场车安全员提出的意见建议、报告和问题整改落实等履职情况予以记录并存档备查。

**第一百四十六条** 市场监督管理部门应当将场车使用单位建立并落实场车使用安全责任制等管理制度，在日管控、周排查、月调度中发现的场车使用安全风险隐患以及整改情况作为监督检查的重要内容。

**第一百四十七条** 场车使用单位应当对场车安全总监和场车安全员进行法律法规、标准和专业知识培训、考核，同时对培训、考核情况予以记录并存档备查。

县级以上地方市场监督管理部门按照国家市场监督管理总局制定的《场车使用安全管理人员考核指南》，组织对本辖区内场车使用单位的场车安全总监和场车安全员随机进行监督抽查考核并公布考核结果。监督抽查考核不得收取费用。

监督抽查考核不合格，不再符合场车使用要求的，使用单位应当立即采取整改措施。

**第一百四十八条** 场车使用单位应当为场车安全总监和场车安全员提供必要的工作条件、教育培训和岗位待遇，充分保障其依法履行职责。

鼓励场车使用单位建立对场车安全总监和场车安全员的激励约束机制，对工作成效显著的给予表彰和奖励，对履职不到位的予以惩戒。

市场监督管理部门在查处场车使用单位违法行为时，应当将场车使用单位落实安全主体责任情况作为判断其主观过错、违法情节、处罚幅度等考量的重要因素。

场车使用单位及其主要负责人无正当理由未采纳场车安全总监和场车安全员依照本规定第一百三十六条提出的意见或者建议的，应当认为场车安全总监和场车安全员已经依法履职尽责，不予处罚。

**第一百四十九条** 场车使用单位未按规定建立安全管理制度，或者未按规定配备、培训、考核场车安全总监和场车安全员的，由县级以上地方市场监督管理部门责令改正并给予通报批评；拒不改正的，处五千元以上五万元以下罚款，并将处罚情况纳入国家企业信用信息公示系统。法律、行政法规另有规定的，依照其规定执行。

场车使用单位主要负责人、场车安全总监、场车安全员未按规定要求落实使用安全责任的，由县级以上地方市场监督管理部门责令改正并给予通报批评；拒不改正的，对责任人处二千元以上一万元以下罚款。法律、行政法规另有规定的，依照其规定执行。

**第一百五十条** 本规定下列用语的含义是：

（一）场车使用单位主要负责人是指本单位的法定代表人、法定代表委托人或者实际控制人；

（二）场车安全总监是指本单位管理层中负责场车使用安全的管理人员；

（三）场车安全员是指本单位具体负责场车使用安全的检查人员。

## 第十一章 附 则

**第一百五十一条** 本规定自 2023 年 5 月 5 日起施行。